Johannes Jüngst

Amerikanischer Methodismus in Deutschland

und Robert Pearsall Smith - Skizze aus der neuesten Kirchengeschichte

Johannes Jüngst

Amerikanischer Methodismus in Deutschland
und Robert Pearsall Smith - Skizze aus der neuesten Kirchengeschichte

ISBN/EAN: 9783743621879

Hergestellt in Europa, USA, Kanada, Australien, Japan

Cover: Foto ©Lupo / pixelio.de

Weitere Bücher finden Sie auf **www.hansebooks.com**

Amerikanischer Methodismus
in Deutschland
und
Robert Pearsall Smith.

Skizze aus der neuesten Kirchengeschichte

von

Johannes Jüngst,
Pfarrer in Siegen.

———

Mit einem Vorwort

von

W. Krafft,
Doktor der Theologie, Consistorialrath und Professor in Bonn.

Gotha.

Friedrich Andreas Perthes.

1875.

Vorbemerkung.

Der Verfasser der vorliegenden Schrift, Herr Pastor Jüngst zu Siegen, wünscht für dieselbe von dem Unterzeichneten einige empfehlende Worte. Es bedarf derselben eigentlich nicht; denn wer nur irgend ein Interesse für die innerkirchlichen Bewegungen innerhalb der verschiedenen deutsch-evangelischen Landeskirchen hegt, wird sich gerne über die planmäßig unternommene Invasion und Aggression des amerikanisch-englischen Methodismus und seiner Verzweigungen in Deutschland Belehrung verschaffen wollen. Diese wird ihm hier aus den Quellenschriften in authentischer Weise zu Theil.

Diese Mittheilungen gewinnen aber gerade jetzt insofern an Werth, als man vielfach behaupten hört, daß die Oxforder Bewegung mit jener Agitation in unmittelbarem Zusammenhang stehe. Daher die Methodisten in Deutschland Pearsall Smith und sein Werk so freudig begrüßen. Indeß so sehr hier auch eine innere Verwandtschaft mit dem Methodismus in Lehre und Lehrart stattfindet, so steht doch diese Sache selbstständig da und sie verliert deßhalb Nichts von ihrer Bedeutung. P. Smith will nicht im

Dienste irgend einer kirchlichen Partei stehen. Das hat er wiederholt auf's bestimmteste erklärt. Daraus ergibt sich für die verschiedenen Landeskirchen die Pflicht, jene Bewegung in die rechten Bahnen zu leiten, anstatt den methodistisch gerichteten Kreisen es zu überlassen, die Früchte der Bewegung separatistisch sich anzueignen.

Die am 30. Juni zu Bonn versammelt gewesene jährliche Pastoralconferenz hat eine, wie ich meine, ganz richtige Stellung zur Sache eingenommen, indem sie offen und bestimmt anerkannt hat, welcher Segen aus der Oxforder Bewegung bereits hervorgegangen ist und ferner hervorgehen kann, aber ebenso bestimmt auch die Bedenken ausgesprochen hat, welche die Lehre und Lehrart von P. Smith erwecken. Ich spreche dem Verfasser, welcher den Verhandlungen beigewohnt hat, schließlich die Bitte aus, von denselben ein objektives Bild zu geben.

Bonn, Anfangs Juli 1875.

Dr. W. Krafft.

Meiner lieben Mutter

Wittwe Pastorin Sara Jüngst,

geb. Daub,

in kindlicher Liebe gewidmet.

Der Verfasser.

Inhalt.

I.

Amerikanischer Methodismus in Deutschland.

Es ist nicht unser Wille, sämmtliche Arten der Methodisten nach ihrem Wesen und Wirken darzustellen. Wir beabsichtigen in erster Linie nur eine getreue und objektive Schilderung derjenigen methodistischen Gemeinschaft Amerika's, die in den letzten Jahren den größten Eifer und anhaltendsten Fleiß bewiesen hat, ihr Kirchenthum mitten in der evangelischen Kirche Deutschlands aufzurichten. Es ist die Evangelische Gemeinschaft, genannt Albrechtsleute. Zu diesem Zwecke müssen wir aber das Wesen des Methodismus überhaupt mit einigen Strichen andeuten und die Hauptpunkte bezeichnen, auf denen bisher Methodismus und deutsche Nationalität sich berührt haben.

Der Methodismus wird unter uns oft lediglich als Sektirerthum und Schwärmerei betrachtet. Mit Unrecht. In seiner Entstehungszeit stand er sogar zum damaligen Kirchenthum freundlich. John Wesley starb als Glied der Hochkirche. Er konnte sich schwer dazu entschließen, seine Gemeinschaft außerhalb der englischen Staatskirche zu stellen, es kostete ihn viel Ueberwindung, im Freien zu predigen, als ihm die englischen Kirchen verschlossen wurden, und selbst dann wünschte er noch, daß die hochkirchlichen Geistlichen über seine Bekehrten wachen und sie fördern sollten, wovon allerdings das Gegentheil geschah. In seiner letzten Broschüre „Vatikanismus" sagt Gladstone, daß die theilweise Abkehr, der Verlust John Wesley's für die englische Kirche der einzig namhafte sei seit der Reformation (ausgenommen Dr. Newman's Uebertritt zur römischen Kirche). Während John Wesley, durch die Verhältnisse gedrängt, das Band mit der Staatskirche allmählich löste und endlich zerschnitt, hielt sein gleichgesinnter Bruder Charles, der Sänger des Methodismus, bis zu seinem Ende die englische Successions= lehre fest. (Jakoby, Gesch. des Methob. 1870, S. 177.) Aber auch von John heißt es noch in seiner Grabschrift: „Dieses große Licht ging auf durch die besondere Fügung Gottes, um dieses Volk zu erleuchten und die reinen, aposto= lischen Lehren der Landeskirche zu erneuern, einzuschärfen und zu vertheidigen." Einen großen Theil der Schuld an der im Ganzen wohl zu niedrig gegriffenen deutschen Schätzung trägt der Methodismus selbst durch die Art, wie einzelne Denominationen unter uns auftreten, wovon später mehr. Im Großen angesehen dürfen wir ihm aber ein Doppeltes nicht absprechen. Ein Mal hat er einen höchst erweckenden und belebenden Einfluß auf die kirchliche Entwickelung in England und Amerika ausgeübt. Nicht unpassend hat man nach dieser Seite seine Wirksamkeit verglichen mit der des Pietismus in Deutschland. Sodann widerlegt er den Vor= wurf bloßer Sektirerei faktisch durch seine kirchenbildende Kraft, wie sie uns achtungswerth entgegentritt in den großen, geordneten und gut verwalteten Kirchenkörpern in England und Amerika, die durch Eintheilung der Gemeinden in kleinere Abtheilungen oder Klassen, die von Führern geleitet und ver=

sammelt werden, Kirchenzucht wie spezielle Seelsorge trefflich
üben. Wir denken hier besonders an die Wesleyaner in Eng=
land, die 1853 schon 16,676 seßhafte Prediger hatten, augen=
blicklich 7485 Kapellen mit 1,723,495 Sitzen zählen, und
an die bischöfliche Methodistenkirche in Amerika mit etwa
8 Millionen Gliedern, deren erste Kapelle am 30. Oktober
1768 in New=York durch Embury eingeweiht wurde. Aber
beim hundertjährigen Jubiläum wurden nach dem Bericht
des Comité's von 1868 schon über 8½ Millionen Dollars
freiwillig geschenkt für hohe Schulen und theologische Semi=
nare. Die bischöfliche Methodistenkirche besteht organisirt seit
1784, wo Wesley den dortigen Methodistenvereinen Dr. Thomas
Coke als Bischof sendete, und übt mächtigen Einfluß auf alle
kirchlichen Verhältnisse. Wenn die Zahl der Protestanten
auf der Erde richtig auf 80 Millionen angegeben wird, so
tritt der amerikanische Methodismus mit seinen 8 Mil=
lionen Seelen ein „für ein Zehntel der Interessen der pro=
testantischen Welt" (Stevens, Hist. of the Meth. Ep.
church, p. 490).

Die zahlreichen kleineren methodistischen Gemeinschaften
stimmen mit Ausnahme der calvinistischen in den Haupt=
stücken der Lehre fast alle überein, differiren aber in dem
größeren oder geringeren Maße sektirerischen Charakters. Ihre
Separation von dem Hauptkörper geschah häufig wegen ganz
geringfügiger Abweichungen, besonders in Verfassungsfragen.
Wir geben hier nur ihre Namen und nennen in England;
1) die wälischen calvinistischen Methodisten; 2) die calvi=
nistischen Whitefieldianer oder die Verbindung der Lady
Huntingdon; 3) die neue Methodistenverbindung oder Kilha=
miten 1797; 4) die primitive Methodistenverbindung 1810;
5) die Bibelchristen oder Bryaniten 1815; 6) die primitiven
wesleyanischen Methodisten 1816; 7) die independentistischen

Methodisten 1827; 8) die wesleyanischen protestantischen Methodisten 1827; 9) die wesleyanischen Associations-Methodisten oder Warreniten 1834, die sich im Jahre 1856 mit 19,000 sich separirenden methodistischen Reformern vereinigten und die vereinigte methodistische Freikirche bildeten; 10) die mit den englischen Wesleyanern vereinigte Methodistenkirche in Canada.

In Nordamerika finden wir: 1) die reformirten Methodisten mit schwärmerischer Heiligungslehre 1813; 2) die afrikanische bischöfliche Methodistenkirche oder Bethelgemeinschaft, mit Zulassung der Neger zum Kirchenregiment 1816; 3) die dieser ähnliche zionbischöfliche Methodistenkirche 1820; 4) die protestantischen Methodisten 1830; 5) die wesleyanische Methodistenkirche, in der Sklavenfrage streng abolutionistisch 1843; 6) deren entgegengesetzte Strömung, die bischöfliche Methodistenkirche des Südens 1845, die mit ihrer nördlichen Schwester um das Kirchenvermögen Prozeß führte; 7) die Albrechtsleute; 8) die Otternbeinianer. (L. S. Jacoby, Handb. des Meth., S. 94 ff., und Gesch. des Meth. 1870, I, S. 209 ff.; II, S. 334.) Mit einiger Uebertreibung nennt Stevens (Hist. of Meth. III, p. 4) den Methodismus im Allgemeinen die wirksamste missionirende Kirche unseres Zeitalters, indem er daran erinnert, wie derselbe sein Banner aufgepflanzt habe in vielen Gegenden des europäischen Continents, in den britischen Colonieen Westindiens, im Festland von Südamerika und Afrika, in Ceylon und Indien, in China, den Inseln des südlichen Oceans und fast an allen Enden der Erde.

Uns interessirt es vor Allem, wie der Methodismus unter unseren Landsleuten und zwar jenseits des Oceans Boden gewinnt. Der kirchliche und religiöse Zustand derselben schrie nach Hülfe. Da übernahm der Methodismus die Lösung dieser Aufgabe, die rechtmäßig unseren heimischen deutschen Kirchen obgelegen hätte. Es war im Jahre 1835, als Dr. Nast in Cincinnati die Leitung der deutschen Mission begann. Derselbe wurde geboren am 15. Juni 1807 in Stuttgart und wiedergeboren am 18. Januar 1835 in New=York, nachdem er zuvor in Würtemberg einer rationalistischen Theologie und dem Kirchendienst entsagt hatte. Sein „Christ=licher Apologete" hatte 1869 schon über 15,000 Abonnenten. Durch ernstes und eifriges Wirken zählten die bischöflichen Methodisten unter den Deutschen Amerika's im Jahr 1852 schon 113 Missionen, 138 Missionare und 9476 Glieder, aber 1869 schon 25,340 Glieder, 4272 Probeglieder, 315 Lokalprediger, 451 Kirchen und 514 Sonntagsschulen. Stevens berichtet (Hist. of the M. E. ch. 1867), daß be=sonders viele Katholiken gewonnen wurden und daß die frische Kraft des ursprünglichen Methodismus aufgelebt sei in dem Eifer, der Einfachheit, der Selbstopferung und der Frömmig=keit der deutschen Methodisten. Die Uebernahme dieser Ar=beit unter den Deutschen sei eins der denkwürdigsten Ereig=nisse in der Geschichte der modernen Missionen. Jedenfalls sei es die erfolgreichste und vielleicht wichtigste (the most successful, if not the most important) methodistische Mission. Die wesleyanische Mission unter den Deutschen Londons wurde 1864 durch Pope und Böttcher begonnen. Aber bald trat auch der Gedanke an ein missionirendes Auf=treten in Deutschland selbst an die nordamerikanischen Kirchen=gemeinschaften heran. Und zwar in natürlicher Weise. Unter den zahlreich auswandernden Deutschen waren Viele zu solchem Entschluß getrieben durch politische Unzufriedenheit, politische oder sittliche Vergehungen, sociale oder private Nothstände. Wenn nun die Schiffe diese unsere Landsleute an die ameri=kanische Küste trugen, so erschienen sie dort mannigfach als religiös verwilderte, glaubenslose Massen, von Atheismus und Materialismus zerfressen. Der Rückschluß auf Mängel unseres heimischen kirchlichen und christlichen Zustandes lag ebenso nahe, wie das Bestreben, den Deutschen schon im eigenen Lande die Wahrheit zu bringen und auf sie den Einfluß zu gewinnen, den unsere Kirchen nicht geübt hatten. So gründeten die englischen Baptisten (Oncken, 1834) in Hamburg eine Centralstelle ihrer Wirksamkeit. Dieselben hatten 1861 in Preußen erst 5452 Glieder, aber nach der neuesten Statistik zählen sie deren jetzt schon über 12,000 in geordneten, theilweise sehr wohlhabenden Gemeinden, wie der dem preußischen Herrenhaus vorliegende Gesetzentwurf über ihre Corporationsrechte nachweist. Die bischöflichen. Methodisten Amerika's wählten Bremen (1849) und arbeiteten durch den dortigen, sehr eifrigen Missionar L. S. Jacoby. Sie verfolgten anfangs nur den Zweck, „durch Verbreitung von Bibeln, neuen Testamenten, guten evangelischen Büchern und Traktaten das Reich Gottes in Deutschland aufbauen zu helfen" (1. Jahresbericht der meth. Trakt.-Ges. für Deutschland 1853). Es war eine naturgemäße Folge, wenn dieser Zweck sich bald auf eine Ausdehnung der Gemeinschaft selbst erweiterte, so daß Stevens (1867) sagen kann, die Mission breche gewaltig Bahn für einen deutschen Methodismus in Europa (it is laying broad foundations for a European German Methodism). Er zählt auf beiden Seiten des Oceans fast 30,000 deutsche Communikanten und 300 deutsche Missionare. Diesseits und jenseits sind deutsche Kirchenkreise gebildet, deutsche Conferenzen, deutsche Buchgeschäfte mit ihren Zeitschriften, deutsche Predigerseminäre oder Missionsanstalten (Bremen 1858, später Frankfurt 1868) sind gegründet.

In Bremen erscheint der „Evangelist" mit 10,386 und der

„Kinderfreund" mit 8013 Exemplaren und Traktathaus mit Kapelle der bischöflichen Methodisten laden in Bremen und Bremerhafen durch große goldene Buchstaben zum Eintritt ein. Diese haben in Deutschland jetzt 64 Prediger und beinahe 9000 Mitglieder, die sich vertheilen auf den Bremer, Oldenburger (Hamburg), Berliner, Frankfurter (Dillenburg, Rheinprovinz, Heidelberg, Elsaß), Würtemberger, Züricher und Baseler Distrikt. In Waiblingen (Würtemberg) ist der Mittelpunkt und Verlag der englischen wesleyanischen Methodisten-Gemeinschaft. Der dortige superintendent general liefert regelmäßige Berichte nach England, läßt seit einigen Jahren die Gottesdienste zu derselben Stunde wie die landeskirchlichen abhalten und trachtet, die Leute von der evangelischen Kirche abwendig zu machen, wie mir aus zuverlässigster Quelle in Würtemberg berichtet wird. Im Jahre 1870 hatte die wesleyanische Missionsgesellschaft in Würtemberg 8 Kapellen, 133 Predigtplätze, 11 Missionare, 34 seßhafte Prediger, 7 Sonntagsschulen (Jacoby, Gesch. des Meth. II, S. 253). Ihr erster Missionar daselbst war C. G. Müller in Winnenden 1831—1858, der in gutem Andenken steht, aber die Landeskirche nicht achtete. Ebenso sind die dortigen amerikanischen Methodisten ganz antikirchlich, feiern das heilige Abendmahl selbst und suchen die Leute zum Austritt aus der Kirche zu veranlassen. Ganz entsprechend wirken die Albrechtsbrüder, die in die Arbeit der englischen Wesleyaner hineingekommen sind.

Wir wollen nun kein tadelndes Wort sprechen über die Thätigkeit der Methodisten unter den Deutschen Amerika's. Im Blick auf deren faktische religiöse Verwahrlosung und unsere ihr gegenüber vorliegende Versäumniß kann ich mich nicht eines aufrichtigen Dankgefühls entschlagen für die unter ihnen geschehene Liebesarbeit. Anders ist es freilich mit der

Propaganda auf deutschem Boden. Wir können sie nicht mit denselben Empfindungen betrachten. Sind unsere Landsleute und die Methodisten jenseits des Oceans in unzähligen Berührungspunkten naturgemäß einander zugeführt und auf einander angewiesen, so ist das bei uns nicht der Fall. Wir müssen dagegen protestiren, von den Methodisten in demselben Maße als Missionsgebiet betrachtet zu werden, wie China und Polynesien. Freilich ist diese Anschauung in England und Amerika neuerdings nicht selten. Rev. Boyce stellt in seiner neuen Missionsstatistik die Arbeit der Methodisten und Baptisten in unseren Landeskirchen als vollberechtigte „Mission" ganz auf eine Linie mit ihren Bekehrungsversuchen unter Hindus und Kaffern. „Wiewohl fremde Dazwischenkunft unerwünscht sein mag, schien es natürlich, daß das protestantische England und Amerika veranlaßt wurden, rechtgläubige und geistliche Religion in Deutschland wieder zu beleben." Mit Recht weist dem gegenüber die Neue evangelische Kirchenzeitung (1875, Nr. 10) darauf hin, daß das sittliche Leben in England keineswegs besser, in Amerika aber schlechter sei, als bei uns, und daß die bei uns weit verbreitete religiöse Gleichgültigkeit nicht aufgehoben werden könne durch die paar Emissäre angloamerikanischer Sekten. Wir können hinzufügen, daß diese Bekehrungsversuche von außen nachweislich selten gemacht werden an den erstorbenen, sondern fast durchweg an den lebendigen Gliedern der Landeskirchen. Auch die Herrnhuter senden zu solchen ihre Brüder. Aber wohlthuend berührt es, zu sehen, wie sie weit entfernt sind, für sich Propaganda zu machen, sondern geäußerten Uebertrittswünschen gegenüber einfach erklären: „Damit ist uns nicht gedient und Ihnen nicht geholfen." So selbstlos in dienender Liebe sind die Methodisten nicht, wie Folgendes beweist. Die südliche bischöfliche

Methodistenkirche, durch die Sklavenfrage separirt, widmet sich auch den Deutschen im Süden Amerika's mit Eifer. Sie klagt sehr über Eingriffe der nördlichen Methodisten in dieses ihr Missionsgebiet. Deren großer Erfolg in Schweden, Dänemark und Deutschland solle sie mehr Rücksicht lehren. Es ist sogar (Nashville, Christian advocate) die Rede von einem hemmenden, gehässigen Proselytenthum der Agenten der nördlichen Kirche mit Taschen voll Missionsgeld (Aufkaufsystem), worüber viele Kapitel mitgetheilt werden könnten. Wir können darüber Nichts sagen und sehen unparteiisch zu, wie beide Gemeinschaften sich unsere Landsleute jenseits des Oceans streitig machen. Wir constatiren einfach diesen häuslichen Streit über Proselytenthum zwischen beiden Schwesterkirchen, knüpfen aber daran die Frage, ob es verwunderlich ist, wenn auch in unseren heimischen evangelischen Kirchen Klagen laut werden über transatlantisches Werben in unserer Mitte? Noch ist das heilige Feuer auf dem Altar unserer evangelischen Kirche nicht verglommen. Noch hat unsere Kirche Lebenskraft zu reicher und großer Liebesarbeit innerer und äußerer Mission. So lange das der Fall ist, halten wir es für nöthiger und nützlicher, wenn die amerikanischen Kirchengemeinschaften für ihren bedeutenden und berechtigten Missionstrieb Befriedigung bei den Heiden suchen. Mit Recht sagt Grundemann: „Alles Missioniren auswärtiger Denominationen in einem evangelischen Lande, in dem das lebendige Christenthum noch wirksam ist, können wir nur mißbilligen" (Allg. Miss.-Zeitschr., Febr. 1875) und Professor Christlieb hatte guten Grund, auf der Evangelischen Alliance in New-York dagegen zu protestiren, daß amerikanische Evangelisation unter den Protestanten Deutschlands gerade so betrieben und betrachtet würde, als die Arbeit in heidnischer Finsterniß. Doch wird dieselbe besonders in unseren Tagen von verschiedenen Seiten mit erneutem Eifer und mit Macht angegriffen. „Wir stehen geradezu einer englisch=amerikanischen Invasion gegenüber, gegen welche unsere Gemeinden nicht hinlänglich gerüstet sind." (Neue evang. Kirchenztg.)

Offenbar bietet kein Land für Sektenbildung einen günstigeren Boden, als Nordamerika. Auch unsere dortigen Landsleute sind für dieselbe in nicht geringem Grade empfänglich. Es war dem Methodismus vorbehalten, die gewaltigste Bewegung unter ihnen hervorzurufen. Dafür spricht nicht sowohl die große Zahl derer, welche durch die amerikanischen Methodisten gewonnen wurden, als besonders der Umstand, daß die deutsche Nation in Amerika mehrere selbstständige methodistische Gemeinschaften aus eigenem Schooße geboren hat. Dahin gehören die vereinigten Brüder in Christo oder Otternbeinianer mit 500 Predigern (Otternbein † 1813), die Kirche Gottes oder Weinbrennerianer (1839) und besonders die für uns zur Betrachtung kommende „Evangelische Gemeinschaft". Schon ist man hie und da aufmerksam geworden auf die auch in Deutschland organisirten Bestrebungen dieser methodistischen sogenannten Albrechtsleute (Albrightsmen, auch Albrechtsbrüder). Da ihr Wesen vielfach unbekannt ist, auch ihr Wirken unter uns neuerdings in großem Maßstabe wächst, so sind die nachstehenden Mittheilungen bestimmt, über ihre neueste Entwickelung und über ihr Arbeiten in Deutschland Nachricht zu geben. Sie sind 1800 entstanden, organisirten sich zuerst am 3. November 1803 und nennen sich selbst Evangelische Gemeinschaft, Evangelical Association. Den Namen „Albrechtsleute" betrachten sie jetzt als Scheltwort, weisen ihn ab und fühlen

sich durch seinen Gebrauch beleidigt. Da sie in Amerika zu=
weilen auch in anderer Weise unrichtig benannt werden, so
ist unter ihnen der Vorschlag gemacht, den Namen „Evan=
gelische Kirche“ zu adoptiren (Christl. Botsch. 1875, S. 28)
oder zu wählen zwischen den Bezeichnungen „Evangelische
Bischöfliche Kirche“, „Evangelische Methodistenkirche“, „Evan=
gelische Brüderkirche“ (Christl. Botsch. 1875, S. 153).
Wir halten uns an den offiziellen Namen „Evangelische Ge=
meinschaft“, ohne das Wort „Albrechtsleute“ zu meiden, welches
im Volksmund wie im theologischen Gebrauch sich allgemein
eingebürgert hat. Selbst der Methodist Jacoby sagt: „Man
kennt sie in Amerika noch immer unter dem Namen die
Albrechtsbrüder.“ Jacob Albrecht, der Stifter der Denomi=
nation, geboren im Kreis Douglas, Grafschaft Montgomery
im Pennsylvanien 1759, wurde unter Aufsicht seiner Eltern,
die aus Würtemberg stammten, lutherisch erzogen und con=
firmirt. Nachdem er durch die Methodisten bekehrt war, be=
schränkte er sich nicht mehr auf Ackerbau und Ziegelbrennen,
sondern predigte seinen deutschen Stammgenossen. Er wurde
darin unterstützt durch Johannes Walter und Georg Miller,
erhielt 1803 von seinen eigenen Anhängern die Ordination,
wurde am 16. November 1807 von der ersten Conferenz
zum Bischof gewählt, starb aber schon 1808. Die alt=
orthodoxen Glieder stellen ihn in eine Linie mit Paulus und
Luther. Die zweite Conferenz 1809 stellte die Glaubens=
lehre und Kirchenordnung fest, welche Miller ganz nach dem
Muster der Bischöflichen Methodistenkirche verfaßt hatte und
gestimmte selbst den Namen der Gemeinschaft „Die soge=
nannten Albrechtsleute“, der aber von der ersten General=
conferenz 1816 verändert wurde in „Die Evangelische
Gemeinschaft“. Ihre Repräsentativbehörde ist eine General=
conferenz, die 1875 wieder zusammentreten wird, an deren

Spitze ein Bischof steht. Seine kirchlichen Machtbefugnisse sind aber nicht groß, auch geschieht bei jeder Generalconferenz eine neue Wahl, wobei jedoch Wiederwahl gestattet ist. Johannes Seybert war der zweite Bischof nach Albrecht. Er wurde von der fest constituirenden Generalconferenz im März 1839 erwählt und bekleidete das Amt mehr als 20 Jahre lang. In ihrer kirchlichen Haushaltung wollen sie weder römisch, noch presbyterianisch sein, sondern verbinden das episkopale Moment mit dem synodalen. Von dieser Regierungsform — nach ihrer Angabe einfach methodistisch — sagen sie, daß sie mit ihrer Eigenthümlichkeit einzig in der Welt dasteht und nur sich selbst gleichsieht. Im Juli 1870 zählten sie 70,800 Glieder, 587 Reiseprediger, 401 festangestellte Prediger, 905 Kirchen und notirten eine Missions=Einnahme von 55,842 Dollar (Christl. Botsch. 1870, S. 236). Sie haben augenblicklich nach ihrer eigenen Angabe 1000 Prediger und 100,000 Mitglieder, während sie 1816 nur 1400 und 1835 nur 5119 Mitglieder zählten. Auf der General= conferenz 1835 in Orwigsburg (Pennsylvanien) wurde das Blatt gegründet, welches die Interessen der Gemeinschaft vertreten sollte. Zur Zeit wird dasselbe redigirt von R. Dubs in Cleveland (Ohio; am südlichen Ufer des Erie=See's; 150,000 Einwohner) und neuerdings wird es auch in Deutsch= land eifrig verbreitet. Es ist eine sehr umfangreiche Wochen= zeitung von mindestens vier großen Bogen, die außer religiösen Aufsätzen und Mittheilungen, Erläuterungen biblischer Ab= schnitte für Sonntagsschulen, christlichen Romanen u. s. w. auch politische Ereignisse bespricht und Tagesgeschichte, Anek= doten und Annoncen verschiedenster Art bringt. Mit aus= führlicher Sorgfalt werden besonders die biblischen Abschnitte für die Sonntagsschule besprochen. Denn in den staatlichen Volksschulen der Vereinigten Staaten wird kein Religions=

unterricht ertheilt, weßhalb Katholiken und Lutheraner be=
sondere Gemeindeschulen eingerichtet haben. Alle übrigen
kirchlichen Gemeinschaften aber geben Religionsunterricht in
den sehr gepflegten Sonntagsschulen. Die Zeitschrift hat
den Titel "Der Christliche Botschafter, evang. Kirchen= und
Familienblatt" und ist wohl das größte evangelische Kirchen=
blatt in deutscher Sprache. Im Anfang und in der ersten
Entwickelung war nämlich die Evangelische Gemeinschaft aus=
schließlich deutsch. Jetzt ist sie schon so von amerikanischem
Staatsbewußtsein durchdrungen, daß der "Botschafter." (Nr. 50,
1874) sagt: Wer das große 100jährige Jubelfest der nord=
amerikanischen Republik (4. Juli 1876) nicht von ganzem
Herzen mitfeiern wolle, sei sicherlich kein Patriot und auch
kein Christ, denn jeder wahre Christ sei auch ein guter Pa=
triot. Trotzdem verleugnet sich die deutsche Abstammung
nicht. Während des Krieges mit Frankreich geht durch die
Presse der Albrechtsleute ein frischer Hauch deutsch=patrio=
tischer Begeisterung. Da die Kinder der eingewanderten
Deutschen die Landessprache bald lieben lernten, auch englisch
sprechende Personen in den Predigt= und Betversammlungen
bekehrt und gewonnen wurden, denen man dienen wollte, so
beschloß die Generalconferenz schon 1843, auch eine Zeitung
in englischer Sprache herauszugeben, die unter dem Titel
"Evangelical Messenger" bis heute erscheint und anfangs
nebst dem "Christlichen Botschafter" von Rev. Nikolas Gehr
redigirt wurde. Dieser erste Redakteur trennte sich aber
schon nach einem Jahre gänzlich von der Gemeinschaft wegen
dogmatischer Differenzen, schloß sich der reformirten Kirche
an und ist augenblicklich Editor der reformirten Kirchen=
zeitung. Ueberhaupt treten öfter die besten Sprecher und
Klassenführer zu der deutsch=reformirten Kirche über. Diese
achtet die Albrechtsleute so wenig, daß die Synode, die Gehr

aufnahm, vor seiner Aufnahme beschloß, daß die Evangelische Gemeinschaft kein Zweig der christlichen Kirche sei und ihn von Neuem ordinirte. Gehr vertheidigte den Albrechtsleuten zu wenig die spezifischen Lehren der Gemeinschaft, billigte nicht ihre Grundsätze von der „völligen Heiligung" und empfing den Vorwurf übertriebener Liberalität gegen Anders=denkende. Die Editoren beider Blätter wechselten vielfach. Im Jahre 1867 hatte der „Messenger" 6576 Abonnenten. Der deutsch geschriebene „Botschafter" dagegen hatte im Jahr 1838 erst 1500 Abnehmer; 1840 schon 2070, 1850 schon 4000, 1863 schon 13,248, 1874 aber 19,966, und am 9. Dezember 1874 waren schon 1400 neue Abonnenten pro 1875 angemeldet. Außerdem erscheinen seit 1856 der „Christliche Kinderfreund", seit 1869 das „Evangelische Magazin", anfangs redigirt von J. J. Escher, Bischof der Evangelischen Gemeinschaft. Es ist eine Monatsschrift für wissenschaftliche und praktische Theologie nach Lehre und Praxis der Evangelischen Gemeinschaft mit dem Motto Joh. 17, 3. Ferner die „Living Epistle" und der „Sunday School Messenger". Bei ihrer Nennung sagt der jetzige Redakteur: „Die Brüder in Deutschland sind ein Bischen zu weit von hier, um hier aufgezählt zu werden." Wen er damit meint, weiß ich nicht. Doch ist wohl an den in Deutschland erscheinenden „Evangelischen Botschafter" gedacht, der am 3. Februar dieses Jahres 10,500 Abon=nenten zählte. Derselbe ist das eigentliche Organ der Evan=gelischen Gemeinschaft in Deutschland, entnimmt Manches aus dem viel umfangreichern „Christlichen Botschafter", er=scheint bei Raiger in Nürtingen monatlich zwei Mal unter der Redaktion von J. Kächele in Reutlingen und berichtet unter Anderm von den Fortschritten in Deutschland, den Kapelleneinweihungen u. s. w. Er trägt das Motto: „Im

Wesentlichen Einheit, im Unwesentlichen Freiheit und im Ganzen Liebe." Die jenseitige Druckerei in Cleveland ist in der 1874 neu erbauten Buchanstalt, „eins der feinsten, elegantesten und besteingerichtetsten Geschäftshäuser der Stadt", welches schuldenfrei dasteht, obschon sein Bau 35,000 Dollar erfordert hat. So kennen die Albrechtsleute sehr wohl die Macht der Presse und brauchen sie in einem großartigen Maßstabe, so daß Bischof Escher der Meinung ist, ihr deutsches Buchgeschäft könne zum ersten in Amerika erhoben werden gerade durch die Verzweigung ihres Agentensystems in der neuen und alten Welt (Christl. Botsch. 1870, S. 268).

Ueber den Zweck des für uns besonders in Betracht kommenden „Christlichen Botschafters" gibt uns R. Dubs nähere Auskunft. Derselbe sei von Anfang an dazu bestimmt gewesen, die Grundwahrheiten der heiligen Schrift, das Heil in Christo zu vertheidigen, die Glieder der Gemeinschaft in ein inniges Verhältniß zu einander zu bringen, aber auch durch Mittheilungen von Erweckungen (Revivals) und überhaupt zur Ausdehnung des Werkes und zur Vermehrung ihres Einflusses beizutragen. Hieran wesentlich festhaltend solle er fernerhin als Organ der Evangelischen Gemeinschaft vor allem die Interessen derselben nach Maßgabe ihrer Glaubenslehren und Kirchenordnung wahren und vertheidigen, solle conservativ=kirchlich geführt werden und unwandelbar festhalten an den Grundprincipien ihres kirchlichen Lebens, ohne die Interessen des Reiches Gottes und die echte, christliche Weitherzigkeit zu vergessen. Jedes Blatt bringt ausführliche Berichte von den hin und her im Freien gehaltenen erweckenden Versammlungen oder campmeetings, Laubhütten genannt, und über die verlängerten Versammlungen (protracted meetings). Die geschehenen Bekeh=

rungen werden gezählt und wird auch jedes Mal genau an=
gegeben, wie Viele noch „am Suchen" oder schon aufge=
nommen sind. Hiervon nur ein Beispiel, „eine kleine,
gottselige, himmlische Geschichte". Eine Familie hatte in
ihrem Haus eine Zweitagversammlung und die Schwester
ließ nebst anderm Backwerk 30 Laibe Brot backen. „Mit
diesem aber war es der guten Schwester nicht gethan — sie
betete auch und gewiß im Glauben, daß doch für jeden Laib
Brot eine Seele zu Gott bekehrt werden möchte. Und so
geschah es" u. s. w. (1875; S. 17). Bei diesen Berichten
werden ferner nicht nur die Ansprachen der Redner vielfach
wiedergegeben, sondern — ganz amerikanisch — auch oft
ihre Stimme, Geberden, Haltung, Nase, Mund, Haare be=
schrieben. Da es zur Charakterisirung dient, kann ich mir
nicht versagen, auch hiervon ein Beispiel aus dem Oktober
1874 anzuführen. Es betrifft den zeitigen Präsidenten der
National=Lagerversammlungs=Gesellschaft, den zur bischöflichen
Methodistenkirche gehörigen Rev. John Inskip, an dem die
Albrechtsleute das besonders anerkennen, daß er die Lehre
von der völligen Heiligung, die in Folge der Ver=
weltlichung der großen Kirchenkörper vernachlässigt war,
wieder hervorhebt, eine Lehre, „durch welche sich der Metho=
dismus vor allen protestantischen Kirchen seit seiner Existenz
auszeichnete". Der Mann, der Solches im Auge hat, wird
in folgender Weise verherrlicht: „Der geniale Hauptführer
der National=Lagerversammlungs=Gesellschaft ist eine von allen
ihren Mitgliedern beim ersten Blick auffällige und erkenn=
bare Erscheinung. Rev. J. S. Inskip ist seiner Person
nach etwa 5 Fuß 6 Zoll hoch, mit stark untersetztem, rund=
artigem Körperbau und mag 60 Jahre alt sein. Die
vordere Höhe seines Kopfes verräth äußerlich nicht die Breite
der Intelligenz wie bei Rev. Mc. Donald, denn die Stirn

ist weder hoch noch breit und schräge ablaufend, die Nase
ist breit und hat ziemlich große Nüstern, ist auch beständig be=
lastet mit der feinen, goldenen Brille und ist von einem
außerordentlichen Luthermund mit seinen schön geformten
Winkeln unterziert. Er ist eine recht compakt gebaute, alle
Gliedmaßen vom Haupt bis zu Fuß im besten Ebenmaß
zu einander gegliederte Positur. Ich hörte ihn über dieses
selber sagen: ‚Ich stelle mir oft vor, wenn ich all' die
schwere Arbeit betrachte, welche ich an unsern Lagerversamm=
lungen zu verrichten habe, daß ich der am besten und dauer=
haftesten gebaute Mensch sein muß, der seit der großen
Schöpfung geboren wurde.‘ Und dennoch ist er weder
schön, noch auch abstoßend zu nennen. Auch seine Stimme
lavirt zwischen Alto und Baß dahin, ist mehr stark, als
wohlklingend, und wenn im feurigen Tempo dahin rauschend,
ist sie fast wie die Stimme eines brüllenden Löwen, welche
alles Widerstrebende bannt. Er ist fesselnd im Predigen,
Erzählen und Ermahnen; nie ist er verlegen, seine Gedanken
in Worte und Sätze einzukleiden, die immer dem guten An=
stand entsprechen. Sein Verhalten auf der Kanzel ist leb=
haft und beweglich und immer, trotz aller Excentricität,
natürlich. Fühlt er sich froh und gesegnet in Gott, so
jubelt er öfters wie ein Kind ein Hallelujah um das andre
von der Kanzel herunter. Mit seiner gewaltigen Stimme
beherrscht er mit Leichtigkeit ein Auditorium von 15,000
Zuhörern und elektrisirt sie mit dem geheimen Zauber der
ihn beherrschenden Kraft Gottes.“ Entsprechend dieser
Schilderung wird sodann die Art beschrieben, wie bei dem
betreffenden campmeeting Rev. Inskip seine Aufmerksamkeit
auch den beiwohnenden Deutschen schenkte, deren Gebet ein
deutscher Laienbruder leitete, „den man auf dem ganzen
Grunde hörte“. „Inskip fing an, darüber zu jauchzen;

auch unser Valentin rauschte tüchtig zwischen durch." Beim Aufstehen von den Knieen sangen sie ein deutsches Lied und Einer legte ein deutsches Bekenntniß von Christo ab, welches sofort übersetzt wurde. „Während dieses Vorganges jubelte Inskip ein Hallelujah um das andere, auf dem Stande hin- und herlaufend, daß es weithin hallte." Noch Stärkeres und zwar über die Albrechtsbrüder bietet der Bericht eines preußi- schen Reisepredigers aus der neuesten Zeit, den Hollenberg in Herzogs Realencyclopädie mittheilt und dem ich folgende Sätze entnehme: „Mit Entrüstung erzählte man mir, wie bei der letzten ‚Bekehrung‘ die Weiber so an der Erde ge- wirthschaftet, daß die Brüste schamlos entblößt wurden und wie ein wildes Durcheinander von Weibern und Männern stattgefunden habe. Die Bußbank spielt eine große Rolle. Bekehrungen sind nur dann anerkannt, wenn sie an der Buß- bank mit Geschrei, Stöhnen, Verdrehen der Augen geschehen." (Relata refero.) Ueber solche Art von Erweckung und Er- bauung braucht wohl Nichts bemerkt zu werden.

Es ist aber ganz unzweifelhaft, daß wir in den Al- brechtsleuten eine Gemeinschaft auch mit bestimmtem kirch- lichen Gepräge vor uns haben, die nicht nur auf religiöse Erweckung im Allgemeinen ausgeht, sondern auch sich selbst ausdehnen will, wie der „Christliche Botschafter" es offen sagt: „Ich halte es für unseren Beruf, die Evangelische Ge- meinschaft mit ihren Eigenthümlichkeiten auch in Europa zu gründen und auszubreiten" (Bischof Escher, Chr. B. 1870, Nr. 30). Das Missionswerk in Deutschland begann um 1850. Anfangs zwar sollte es bloß „Seelen retten". Aber bald beschloß man die Organisirung selbstständiger Gemeinden (Reutlinger Conferenz 1868 und schon früher), angeblich um dem Loos des Pietismus zu entgehen, den die Kirche in ihren Schooß genommen und großentheils erstickt habe. Die

Bildung der Deutschland-Conferenz war der erste, aber auch epochemachende Schritt in dieser Richtung hin. „Es muß Einem fast Wunder nehmen, daß man überhaupt je den Gedanken hegte, unser Missionswerk werde auf die Dauer fortbestehen, so dasselbe nicht in gutgegründeten, selbstständigen Gemeinden eine Festung und Pflegstätte habe" (Bischof Escher im Evang. Mag. 1870, S. 63.) Doch ist ihr kirchliches Wesen nicht so starr, daß es nicht in seinem Schooße Raum hätte für verschiedene Strömungen, die theils friedlich neben einander hergehen, theils sich leise oder lauter an einander reiben. Im Jahr 1870 z. B. vertrat der „Messenger" Anschauungen über Glaubensartikel der Gemeinschaft, besonders über Heiligung, die der „Christliche Botschafter" als revolutionär und grundstürzend bezeichnet (Chr. B. 1870, Nr. 50). Wir bemerken zunächst eine orthodox-conservative Richtung, die am meisten an der Person Albrechts und unerschütterlich an der ursprünglichen Lehre und Verfassung festhält. Sie ist die einflußreichste, polemisirt auch gegen andere Kirchlichkeit, wacht über das Bekenntniß der Väter von der Heiligung und christlichen Vollkommenheit und beklagt es, daß von verschiedenen Richtungen her in die Gemeinschaft Mißbegriffe, Abweichungen, unrichtige Auslegungen, wenn nicht gar Bezweiflung dieser köstlichen Lehre sich hätten einschleichen wollen. Ein Vertreter dieser Richtung schreibt: „In Bezug auf Gelehrsamkeit, in der Schulsache, im Kirchenbauen, in der Unterstützung der Prediger, der Missions- und Waisensache u. s. w. hat die Evangelische Gemeinschaft seit mehreren Jahren über Erwarten gute Fortschritte gemacht. Ob die Gemeinschaft bei diesem in dieser Hinsicht sichtbaren Gedeihen, in der Lehre, im Leben und in der Praxis nach dem Sinne des Evangeliums und der heiligen Religion auf ihrem guten, alten Grunde festgeblieben und keine Erschütterung erlitten

2*

hat, will ich hier nicht beurtheilen." Er klagt auch über die Vernachläſſigung der Kirchenzucht (Chr. B. 1875, S. 17). Ein Anderer will nur ganz Bekehrte und gründlich Erneuerte in die Gemeinſchaft aufnehmen, nicht ein Mal wahrhaft Erweckte, denn gerade in der Gliederaufnahme drohe ihrer Kirche große Gefahr, Babel entgegen zu treiben, zu viel Spreu unter den Waizen zu bekommen u. ſ. w. (Chr. B. 1875, S. 48.) Gerade dieſe Anſchauung findet bei den Baptiſten lauten Beifall. In und neben dieſer Richtung findet ſich eine weitherzigere Strömung, die von Unionsgedanken durchzogen iſt, welche in Bezug auf andere methodiſtiſche Denominationen auch offenbar ernſtlich gemeint ſind. Andere wieder treiben die Heiligungslehre bis zu der Spitze, daß der Wiedergeborene, aber nicht völlig Geheiligte, unvermeidlich ewig verloren gehe (Evang. Mag. 1870, S. 15 u. 19) und Einzelne endlich befürworten eine Gleichberechtigung verſchiedener Lehranſichten (Chr. B. 1870, Nr. 31) oder erlauben ſich auch kritiſche Zweifel, z. B. über Erbſünde und Trinität.

Wir ſehen ein Mal ihr Kirchenthum etwas näher an. Nachdem der Engländer John Wesley († 1791) den Methodismus geſtiftet, ſpaltete ſich derſelbe ſofort in zwei Strömungen, die wir noch heute verfolgen können. Anlaß zur Trennung war die Prädeſtinationslehre. Die Einen folgten Wesley und der milderen Lehrfaſſung des Arminius, die Andern folgten Whitefield und ſeinem ſtrengen Calvinismus. Die Albrechtsleute, welche von einer gewiſſen Gereiztheit gegen die Reformirten nicht frei ſind, gehören mit der großen Mehrzahl zu den arminiſchen Wesleyanern. „Unſer Glaubensbekenntniß iſt ein arminiſches. Wir waren von Anfang an wesleyaniſch und ſind es jetzt noch." (Chr. B., Nov. 1874.) Sie legen auf ihre beſondere Kirchenlehre großes Gewicht.

Die jungen Leute in dem biblischen Institut oder Prediger=
seminar sollen vor allem die Lehre von Grund aus ver=
stehen lernen, die unverändert fest bleiben muß bis an das
Ende der Welt. Sie sollen lernen, wo der arminische Be=
griff sich von dem calvinischen scheidet und wie und wo
sich die wesleyanische Lehre von der Ansicht der andern pro=
testantischen Benennungen trennt. Die Lehrer des Instituts
sollen beim Amtsantritt und nachher sogar jährlich sich
schriftlich verpflichten, Nichts zu lehren, das mit der Lehre
und der Kirchenordnung unvereinbar ist oder dieselbe unter=
graben könnte. Neben dieser scharf betonten kirchlichen Son=
derstellung ist jedoch die Evangelische Gemeinschaft auch
bereit, mit verwandten Kirchen zu gemeinsamen Zwecken Hand
in Hand zu gehen. Ihr Organ sagt beim Jahreswechsel,
Union und Mission sei die Signatur unserer Zeit. Eigen=
thümlich ist die günstige Auffassung der kirchlichen Lage, im
Vergleich zu den trüben Farben, mit denen manche Christen
die Gegenwart und Zukunft der Kirche malen. „Das
johanneische Zeitalter der Liebe ist gekommen. Eine gewaltige
Ausgießung des heiligen Geistes wird die Folge sein. Die
Betonung der völligen Liebe in Lehre und Leben, wie
es in neuester Zeit fast an allen Enden [1]) der Erde geschieht,
ist höchst bezeichnend für die Entwickelungsgeschichte des
Reiches Gottes. Diese Lehre von der völligen Liebe oder christ=
lichen Heiligung muß den Anbruch der großen Friedenszeit
der Kirche Christi auf Erden herbeiführen. Es stehen der
Kirche gewaltige Dinge bevor. Das Pfingsten der Völker
naht. Auf der ganzen Erde ist eine Bewegung nach Christo
im Gange. Der Herr kommt bald.“

Im Predigerseminare werden zur Einführung in die

---

[1]) Anmerkungen s. im Anhang.

Christologie auch Geß, Dorner, Thomasius und Delitzsch
gelesen, in der Journalistik werden gelegentlich auch der
„große" Schleiermacher und R. Rothe citirt, eine genaue
Beschreibung der Bonner Professoren Lange und von der
Goltz wird gern aufgenommen (Christl. Botsch. 1875, Nr. 9).
Die Kenntniß der deutschen, englischen, lateinischen, griechischen
und hebräischen Sprache ist für die Prediger erwünscht, doch
bleiben Lehre und Regierungsform immer die Hauptsache.
Besonders aber kann kein Prediger ohne die Heiligung sein
Amt recht verwalten, d. h. ohne daß er durch den heiligen
Geist über alle Sünden innerlich und äußerlich vollkommenen
Sieg habe (Christl. Botsch. 1875, S. 17). Die Kirchen=
zucht erstreckt sich bis auf eine Beschränkung des weiblichen
Luxus. „Keinem Gliede der Evangelischen Gemeinschaft sollen
gestattet werden zu tragen: „Ohren= und Fingerringe, Krollen
und Pudern der Haare, ungeziemende Roffels (?), Spitzen=
und Bändergebüsch an einigem Stück der Kleidung." „Ein
Prediger soll von dem schändlichen Gebrauch des unreinen
und giftigen Tabaks frei sein. Wer noch mit diesem Uebel
befangen ist, der hat, das Mindeste gesagt, es noch nicht
sehr weit gebracht mit seiner moralischen Ausbildung"
(Christl. Botsch. 1875, Nr. 14). Bei den Predigerver=
sammlungen und Sonntagsschul=Conferenzen werden vorwiegend
praktische Gegenstände der Seelsorge und Schule erörtert.
Doch geht man auch auf theologische Fragen gern ein. Auf
der Ohio=Conferenz (27. October 1874) zeugten die Arbeiten
der Prediger von Fleiß und gesunder, klarer Ansicht. Der
Vorstand empfiehlt zum Studium zwei Punkte: 1) In
welchem Sinne ist Gott mit dem Menschen versöhnt? 2) In
welchem Sinne ist der Mensch mit Gott versöhnt? Auf
der Saginaw=Conferenz (Michigan) wurde die Frage aufge=
worfen: „Muß ein Kind, welches noch keine wirkliche Sünde

gethan hat, auch erneuert werden zur Seligkeit?" Ein junger Bruder antwortete entschieden nein, aber die Abstimmung ergab ein fast einstimmiges Ja. Dieselbe Conferenz verhandelte über die ökonomische und ontologische Trinität, wie ihre Frage zeigt: „Ist die Offenbarung stets ein und dieselbe Person, bloß unterschieden in der Offenbarungsform, oder sind es drei verschiedene Personen auch in drei verschiedenen Offenbarungsformen?" Es gaben sich verschiedene Ansichten kund, doch „wurde Licht darüber verbreitet". Die Detroit=Conferenz (Mich.) behandelte u. A. die Themata: Rechtfertigung und Heiligung; die Stellung des Weibes in Kirche und Staat. Die am 1. October 1874 für Deutschland abgehaltene Distriktversammlung in Stuttgart hatte für jedes ihrer zehn Themata einen besonderen Referenten und Correferenten. Dieselben lauten: 1) Was ist von dem Gebrauch fremder Predigtentwürfe zu halten? 2) Das Benehmen des Predigers auf der Kanzel. 3) Extreme Predigtweisen nach Wesen und Wirkung. 4) Spezielle Seelsorge. 5) Sollen unsere Vorgänger predigen? 6) Das richtige Verfahren bei der Gliederaufnahme. 7) Die Handhabung der Kirchenzuchtordnung. 8) Warum sollen unsere Mitglieder bei uns (!) zum heiligen Abendmahl gehen? 9) Ist es apostolisch und dem Sinne Christi gemäß, verschiedene Zweige der Kirche Christi zu gründen? 10) Exegese über Joh. 10, 16.

In solchen und manchen anderen Verhandlungen tritt uns immerhin ein reges Leben entgegen, dem wir mit Interesse zuschauen. Aber ihr kirchenzerstörendes Auftreten unter uns müssen wir beklagen, wovon später mehr. Ungesund zeigt sich ferner schon ihre Lehre. Neben ihren forcirten Erweckungen übertreiben sie die Macht der Heiligung. Dieselbe soll eine vollkommene sein. „Ein Prediger, welcher die Lehre von der gänzlichen Heiligung und christlichen

Vollkommenheit nicht glaubt, versteht den Heilsplan und die Heilslehre nicht gründlich oder nicht recht, — verräth, daß er in seiner christlichen Erfahrung noch sehr mangelhaft ist und erweist sich auch in seinem ganzen Amtswesen als ebenso mangelhaft." (Evang. Mag. 1870, S. 61.)

Diese Lehre von der völligen Uebergabe oder vollkommenen Heiligung wird schon seit Jahren in Amerika mit großem Eifer getrieben, war aber in Deutschland bisher nur Eigenthum der kleinen, methodistischen Gemeinschaften. Gegenwärtig aber wird sie uns von Amerika gebracht und bricht sich bei uns gewaltig Bahn in größere Kreise hinein. Sie wird vertreten durch den frommen Fabrikanten R. P. Smith aus Philadelphia, der sich über alle kirchliche Parteien stellt. Wir behandeln diese wichtige Angelegenheit im zweiten Theil. Die Albrechtsleute sind voll hoher Anerkennung der Smith'schen Anregung und stehen schon längst mitten in derselben Bewegung. Uebertreibungen und Irrthümer in dieser Angelegenheit liegen bei ihnen offen vor.

Ich erinnere an die abschätzige Beurtheilung des reformirten Gehr, weil er die Lehre der vollkommenen Heiligung verwarf und an das überschwängliche Lob des Methodisten Inskip, der einer Gesellschaft präsidirt, welche von dem Grundsatz geleitet wird: „Die Lehre schriftmäßiger Heiligkeit, welche den Methodismus zu dem machte, was er heute ist, die Donner- und Feuerstimme der alten Eliaspredigten, welche die Glieder zu schriftmäßiger Heiligkeit hinleiteten und drängten, muß wieder erwachen, wenn die Kirche nicht in die Dämmernacht einer todten Orthodoxie versinken will." So heißt es im Evangelischen Magazin (1870, S. 29): „Wir müssen unseren Willen dem Willen Gottes ganz unterwerfen, daß derselbe jeden Augenblick gegen alle satanischen Einflüsse, Kräfte und Mächte geharnischt, gestählt, verschlossen, ja unter allen Umständen, jeden Augenblick vollständig Sieger über dieselben sei" und der Christliche Botschafter (1874, Nr. 41) sagt: „Der Weise ringt nur, wo sein Ringen einen vollkommenen Sieg erringen kann. Begeisterung ist nur für ein erreichbares Ziel." „Die Sünde nach ihrer Kraft und Macht kann schon mitten in der zeitlichen Entwickelung durch die Kraft Christi in dem Menschen aufgehoben und sein ganzes Wesen und Leben von der himmlischen Heilsherrlich= keit durchklärt und verklärt werden." „Wer die Möglichkeit seiner eigenen völligen Genesung von Sünden durch das Heil in Christo bezweifelt, der schmälert auch die Kraft Christi zur Welterneuerung." Von der frommen und thä= tigen Methodistin Frau Phöbe Palmer in New=York wird gerühmt die „vollständige Verkörperung der völligen Hei= ligung". In dem Evangelischen Magazin findet sich zwischen seinen verschiedenartigen religiösen und theologischen Aufsätzen das folgende Rezept, dessen Beurtheilung ich dem Leser an= heimgeben darf: „Ein bewährtes Mittel, schön zu werden. 1) Nimm die Wurzel wahrer Gottesfurcht, Liebe und Auf= richtigkeit; 2) Blätter der Barmherzigkeit und willigen Almosen; 3) Blumen der Demuth, Gottseligkeit, Keusch= heit, Geduld und Mäßigkeit; 4) Kräuter der wahren Buße, Bekenntniß der Sünde, Verachtung der Welt und Besserung des Lebens. Schütte dieses Alles zusammen in dein Herz, zerstoße es in dem Mörser deines Gewissens, seihe es durch das Gedächtniß des bitteren Leidens Jesu, zerlasse es in dem Zucker der göttlichen Liebe, benetze es mit den heißen Thränen deiner Augen, stelle es zu dem Feuer der Trübsal, rühre es oft durch den Vorsatz zur wahren Buße unter einander; endlich stelle es an die Sonne des göttlichen Wortes und destillire es in der Hitze des lieben Kreuzes und der An= fechtung. Darnach nimm das weiße Leintuch deines Jesu und wasche dich täglich damit, so hast du ein versichertes Mittel, deinem Heiland zu gefallen, welches über alle Schönheit geht. Jesu, segne den Gebrauch an allen denen, die innen und außen recht schön an der Seele zu werden verlangen."

Vor einiger Zeit hat der Rev. Mc. Donald bei einem campmeeting über das Wort gepredigt: „Wenn euere Sünden blutroth sind, sollen sie schneeweiß werden." Der Berichterstatter sagt darüber, er habe richtig ausgeführt, daß das Blut Christi alle Schlacken sammt der Schuld austilge; es sei auch eine musterhafte Predigt gewesen, die einen tiefen Eindruck machte, so daß Viele sich aufmachten, die Heiligung zu suchen, auch Sünder weinend hervorkamen, um sich zu bekehren. Aber doch fügt er hinzu: „Ein Punkt blieb mir unaufgeklärt, nämlich was des Redners Ansicht sei, wenn nach der Rechtfertigung und Wiedergeburt Solche, die noch nicht das Werk gänzlicher Heiligung erfahren haben, unterdessen sterben." Mir fiel beim Lesen der Schächer am Kreuze ein, dem die „gänzliche Heiligung" fehlte, der aber doch das Wort erfuhr: „Heute noch wirst du mit mir im Paradiese sein." Es offenbart sich in dem Allem eine Verwandtschaft mit einigen Baptisten, die Röm. 8, 1: „So ist nun nichts Verdammliches an denen, die in Christo Jesu sind" — von der Heiligung deuten, statt von der Rechtfertigung.

Nach dem bisher Gesagten wird es von Interesse sein, zu hören, welches Urtheil die in Deutschland thätigen Sendboten der Gemeinschaft über unsere kirchlichen Verhältnisse fällen und wie sie unter uns zu wirken angefangen haben. Was das Erstere angeht, so werden die deutschen Geistlichen ermahnt: anstatt die „Sekten" zu drangsaliren, sollten die

Herren Pfarrer den Unglauben aus ihren Herzen, aus ihren Gemeinden und von ihren Kanzeln zu vertreiben suchen. Deutschland solle die gläubigen Laien mehr in den Dienst der Kirche ziehen und sich darin die amerikanischen Kirchen zum Muster nehmen. Das allgemeine Priesterthum der Gläubigen des neuen Bundes werde zwar in kirchlichen Kreisen bei uns betont, im praktischen, kirchlichen Leben trete es aber nur in Privatversammlungen und der Vereinsthätigkeit einigermaßen in die Erscheinung. „Dies ist ohne Zweifel den Geistlichen auf die Rechnung zu schreiben. Viele von ihnen sind selbst keine wahren, gläubigen Priester des neuen Testamentes." Wir sollten demnach erwarten, daß die evangelische Gemeinschaft wenigstens an unseren einheimischen Stundenhaltern aus Laienkreisen Gefallen haben würde. Aber auch sie finden keine Anerkennung. „Selbst die Laienthätigkeit in den Stunden ist keine rechte, frische Pflanze, sondern in vielen Stücken einseitig und verkümmert. Deutschland braucht nicht nur mehr gläubige Pastoren, sondern auch recht viel gläubige Laien, die frisch und freudig zugreifen." Die evangelische Gemeinschaft, nicht zufrieden mit ihrem transatlantischen Wirkungsgebiet, wird es nun wohl übernehmen, uns immer mehr mit solchen Kräften zu versorgen. Sie hat die Neigung und den Muth dazu. „Die lieben Amtsbrüder [der Stuttgarter Conferenz 1870] bilden eine Schaar, die nicht nur Willens-, sondern auch Thatkraft zur Geltendmachung ihres hohen Berufes an den Tag legt." (Chr. B. 1870, Nr. 31.) In einem Gedicht aus ihren Kreisen heißt es:

> „Und ob auch Albrechtsleut'
> Sie uns're biedern Alten,
> Verrückte Betbrüder
> Und Muckerköpfe schalten;

Was lag den wackern Kämpfern dran?
Ging nur des Herren Werk voran
Trotz Feindeswuth und Spötterwahn,
So war ihr Ziel erreicht.

    Und sieh! es ging voran,
Mit Gott voran zum Siege!
So ist das Losungswort
In diesem heil'gen Kriege.
Und vor dem Tage weicht die Nacht,
Das Heer des Herrn gewinnt die Schlacht,
Die Kämpfer stehn vertausendfacht,
Zu Boden liegt der Feind."

Wir wenden uns nunmehr zur Betrachtung der Propaganda der Albrechtsleute in Deutschland. Sie ist keineswegs
unbedeutend [2]). Zu Anfang dieses Jahres berichtet der Christliche Botschafter, daß im verflossenen Missionsjahr überhaupt
bei 6000 Seelen gewonnen wurden. „Unser Missionswerk
in Deutschland machte mächtige Fortschritte." Ganz kürzlich wurde wieder Bruder Gülich von der Wisconsin-Con-
ferenz dorthin deputirt „ein entschiedener, ernster und hoch-
begabter Gottesmann". Das Exekutiv-Comité ist bereit,
weitere Verstärkungen zu senden. „Wir sollten mehr Männer
nach Deutschland schicken. Großes hat der Herr gethan;
Größeres will er noch thun." (Chr. B. 1875, Nr. 7.) Die
Propaganda hat ihre Hauptstationen zur Zeit in der Schweiz,
in Würtemberg (Baden, Elsaß), in der Rheinprovinz, in
Westfalen (Lippe) und in Sachsen. Wir schildern sie in
dieser Reihenfolge, indem wir zuerst nach der Schweiz
blicken.

Der Anstoß zur methodistischen Bewegung in der westlichen Schweiz überhaupt ist in das Jahr 1839 zu setzen,
da die schwärmerischen Cardonisten in Yverdon (1835) nicht
hieher gezählt werden dürfen. Heinrich Olivier, erst Mis-

fionar in Canada, dann Diffidentengeistlicher in Nyon, trat offen zum Methodismus über. Bald wurde die Lehre von der Heiligung überspannt bis zu einer sündenfreien Vollkommenheit nach dem buchstäblichen Sinne von 1 Joh. 3, 9, und die Bitte „Vergib uns unsere Schulden" wurde von den Anhängern der neuen Bewegung nicht mehr auf sich selbst, sondern nur auf Andere bezogen. „Diese Geständnisse und Lehren mit mystisch = ascetischer Gefühlständelei vorgetragen, erhitzten die Gemüther und die Gemeindeglieder, von jedem Wind der Lehre bewegt, zerspalteten sich in mehrere Sekten" (Leopold in Stud. u. Krit. 1848, S. 1019). Es war einer anderen, mächtigen Persönlichkeit vorbehalten, diese erste schweizerische methodistische Bewegung fast ganz in ihre Geleise zu ziehen. John Darby, erst Advokat, dann Geistlicher der Hochkirche, dann Stifter der Plymouthsbrüder in Plymouth, London, Exeter u. s. w., von seinen Erfolgen in England nicht befriedigt, kam nach Paris, verweilte zwei Jahre in Genf und erschien Ende März 1840 in Lausanne und schon im Frühjahr 1841 ging Olivier, der eifrigste Vorkämpfer des Methodismus, mit allen seinen Anhängern zu ihm über. Die gebliebenen Methodisten vereinigten sich unter dem würdigen Geistlichen Cook, der noch nach der alten wesleyanischen Sitte verfuhr und es vermied, die waadtländische Nationalkirche zu beunruhigen, aber von den Darbysten bitter angefochten wurde. Noch heute finden wir den Methodismus hie und da in der Schweiz verbreitet. Die Evangelische Gemeinschaft begann dort sofort mit der Organisation selbstständiger Gemeinden, „was sich durch die herrlichsten Folgen als die richtige Verfahrungsweise bewährte und die Brüder in Würtemberg und Baden zur Nachahmung kräftig reizte" (Bischof Escher im Evang. Magazin). In den Bekenntnißstunden berichten die Glieder einzeln vor der Versammlung über Wesen und Gang ihres inneren religiösen Lebens. Unter Anderm sagte Jemand dabei von einem Gottesdienst in der Staatskirche: „Als es an's Predigen ging, wurde ich bös über die Staatspfaffen, daß sie so lange studiren und doch nicht besser predigen können, sagte dem todten Kirchenwesen rein ab, nahm bei unserer Gemeinschaft das heilige Abend= mahl" u. s. w. In demselben Bericht heißt es: „Unsere Leute sind keine Glieder mehr von der Staatskirche und wollen keine mehr sein. In Zofingen wurde bei einer Conferenz Klage eingereicht gegen eine Schwester, weil sie in der Kirche das heilige Abendmahl genommen und habe sich so fremder Sünde theilhaftig gemacht." „Im Anfang unseres Hierseins gingen wir bisweilen zu sogenannten gläubigen Pfarrern, aber die meisten von ihnen haben uns tüchtig abgekappt und nun fragen wir keinen Pfarrer mehr, wenn wir irgendwo Gottesdienst halten wollen" (Chr. B. 1870, S. 293). In der Ostschweiz (Glarus, Mollis, Schwanden, Zofingen, Burgdorf, Schwendi, Leuggel= bach u. s. w.) ist Bruder A. Halmhuber thätig. Er berichtet (3. Dez. 1874), daß „hin und wieder sich Seelen zu Gott bekehrt haben und die Gläubigen sind meistentheils nicht nur von der Möglichkeit wahrer, schriftmäßiger Herzensheiligkeit über= zeugt, sondern es ist auch ein ernstes Suchen nach der prak= tischen Erfahrung derselben vorhanden." Die Gemeinden haben wenig an Zahl, aber an innerer Festigkeit gewonnen. „Es ist rührend, wahrzunehmen, daß diejenigen der Freunde, die durch mehr in staatskirchlichem Sinne wirkende Prediger zu Gott bekehrt wurden und sich deßhalb mit unserer Hei= ligungslehre anfangs gar nicht vertraut machen konnten, die= selbe jetzt mit Begeisterung befürworten und die Heiligung suchen." Gebetsversammlungen, Erfahrungsstunden und Kirchenzucht können freudig eingerichtet werden. Die Zeit sei nahe, wo die Gebete für die Ostschweiz 30=, 60=,

100fältige Früchte tragen. Es genügt also den Albrechts=
leuten noch lange nicht, daß Christen durch „staatskirchlich"
wirkende Prediger bekehrt werden; sie sind dahin zu bringen,
daß sie die Heiligkeitslehre „mit Begeisterung befürworten",
mit anderen Worten: sie müssen zu Gliedern der Evange=
lischen Gemeinschaft geworben werden. Wir sehen auch hier
ein entschieden separatistisches Auftreten, das außer den ge=
nannten Orten noch von Erfolgen zu reden weiß in Trim=
stein, Zimmerwald, Helgisried, Schwarzenburg, Thun, Bern,
Erlenbach, Basel u. s. w., in Bern z. B. im Juli 1870
eine Zahl von 185 Abendmahlsgästen zuwege brachte.

Blicken wir nun von der Schweiz nach dem nahen Wür=
temberg hinüber, so finden wir dort die Evangelische Ge=
meinschaft schon seit Jahren thätig und fest eingewurzelt.
Bei der Kapellenweihe zu Kirchheim z. B. nahmen 3= bis 400
Personen am Abendmahl Theil. Der Nürtinger „Ev. Bot=
schafter" berichtet bei der Kapellenweihe in Feuerbach bei Stutt=
gart eine Kirchencollekte von 304 Gulden und notirt unter
anderen zahlreichen Einzelgaben aus Süddeutschland und der
Schweiz Kirchenbaubeiträge von 1000 Fr., 500 Fl., 200 Fl.
u. s. w. Das Versammlungshaus in Reutlingen kostete
30,000 Gulden. In Stuttgart an einer sehr gelegenen
Straße haben die Albrechtsleute für 17,000 Gulden einen
Bauplatz zu einer Kirche gekauft. Wir nennen als Stätten
der Wirksamkeit nur Stuttgart, Wengen, Eßlingen, Nürtingen,
Kirchheim, Reutlingen, Beuren, Owen, Ulm, Gerstetten,
Heidenheim. Aus einer zweiten, ebenfalls zuverläßigsten
Quelle in Würtemberg wird mir berichtet, daß sie dort von
den überall verbreiteten Methodisten fast nicht zu unter=
scheiden sind. Lehre, Cultus und Lebensform ist ganz die
gleiche. Sie sind der Zahl nach fast so stark, wie die
eigentlichen von Amerika und England abhängigen Metho=

diften, haben faft ebenfo viele Reifeprediger und zahlreiche
Kapellen. Sie ftehen auch in brüderlichem Verkehr mit den
Methodiftenpredigern und bei ihren Feften treten gewöhnlich
auch einige Methodiftenprediger als Redner auf. Mit den
Pietiften und Michelianern ftehen fie in keinem Verkehr und
find eher als Gegner derfelben zu betrachten, da fie fich fehr
häufig aus diefen Kreifen rekrutiren. Mit den Baptiften ftanden
fie ehedem gut, zur Zeit ift das Verhältniß wohl nicht mehr
ganz fo freundlich. Der Agent in Stuttgart (Chr. B. 1874,
Nr. 52) berichtet, daß er in feiner zwölfjährigen Amts=
thätigkeit noch nie einen fegensreichern Anfang hatte, als
hier. Es beftehen 9 Filialgemeinden. Der Befuch der Ver=
fammlungen wächft. Der Herr bekennt fich „auf's fühl=
barfte" zu ihnen mit überfchwänglichen Gnaden= und Segens=
mittheilungen. Die Sonntagsfchule blüht. „Nicht felten
fieht man Buß= und Freudenthränen in den ftrahlenden
Aeuglein der Kinder perlen." Auch berichtet der Agent feine
Freude darüber, daß er neulich mit drei Bänken voll buß=
fertiger Kinder gerungen habe. Ein ganz befonderes Geiftes=
leben unter den Kindern fei in Wengen bei Canftatt. „Sie
halten Betftündchen unter einander und führen einander zum
lieben Heiland." Dort hat die Verfammlung in einem Jahr
um das Drei= bis Vierfache zugenommen und ein Kirchlein
gebaut. Sie bildet eine organifirte, felbftftändige Gemeinde.
Ferner fagt der Bericht: „An der Einweihung diefes Kirch=
leins hat ein befonders wirkfamer Pfingftwind durch einige
gewaltige Predigten des theueren Bruder Kächele das Feuer
Gottes noch viel mächtiger angefchürt, fo daß es hoch zum
Himmel lodert. Es find fchon junge und alte Männer,
Mütter und Töchter aus der Welt herausgetreten, die der
Wirbelwind des Geiftes fchnell erfaßt und nur gefchwind
herumgedreht hat, und fo geht's immer fort. Dort find wir

siegreich eingedrungen in's feindliche Lager. Schade, daß ich die Leute nur alle drei Wochen besuchen kann. Da sollte jede Woche mehrmals gepredigt werden, dann könnten wir dort Alles in Brand stecken, um ein zweites Kirchlein zu füllen. Aber der schmerzliche Mangel an Arbeitern, Kräften und Mitteln! O was könnten wir hier und allenthalben auf unserem so äußerst fruchtbaren europäischen Missionsgebiet ausrichten, wenn wir jetzt hätten, was uns vornämlich fehlt: eigene, entsprechende Gotteshäuser! Sobald wir diese besitzen, haben unsere Leute ein concretes Bild von dem, was wir sind, sein wollen und sein müssen — die Kirche der Evangelischen Gemeinschaft." Sowohl die Aversion vor dem Stundenwesen als auch die Verliebtheit darin würde durch Kirchbauten aufgehoben. Zu dem Allem wiederholen wir nur die Bemerkung, daß die Albrechtsleute offenbar als Kirche neben unserer evangelischen Kirche festen Fuß fassen und fassen wollen. Wir sollten sie dazu nicht durch öffentliche und nutzlose Polemik stärken. Aber auch nicht durch öffentliche Anerkennung. Wir können nicht beurtheilen, ob es sich in Wahrheit so verhält, wenn die Albrechtsleute berichten von den „anerkennenden Zeugnissen, die der ehrwürdige, fromme und weitherzige Herr Prälat Kapff von der Kanzel herunter unserer Evangelischen Gemeinschaft zu ertheilen gar keinen Anstand nimmt" (Chr. B. a. a. O.). Aber wir würden uns nicht daran betheiligen. Da scheint es doch gerathener, mit einem „Würtembergischen Pfarrer" uns im Sinne Gamaliels auszusprechen.

Die an Würtemberg sich anschließende Betrachtung der Propaganda in der Rheinprovinz zeigt uns dieselbe wieder als eine recht wohl überlegte, die keineswegs die Gegenden aufsucht, wo das religiöse Leben erstorben ist. „Die Sendboten englischer und amerikanischer Gesellschaften gehen sehr geschickt den Bächlein des fließenden Wassers nach und leiten dasselbe in ihre Behältnisse, was natürlich weniger mühsam ist, als dürres Land zu bewässern" (Grundemann). Die Gegend von Mülheim a. d. Ruhr, Essen, Ruhrort ist z. B. gewählt, weil dort „die Winde des Geistes wehen und das Volk im Allgemeinen noch einen Sinn für das Göttliche hat", eine Folge der Erweckungen, die im vorigen Jahrhundert durch Candidat Hoffmann, nach ihm besonders durch G. Tersteegen und „am kräftigsten" vor 30 Jahren durch zwei Laien dort geschahen, als man singen konnte:

> „Auf Mülheims glücklichen Revieren
> Da läßt der Herr so nah sich spüren,
> Wohl dem, der es erfahren hat!"

(Chr. B. 1874, S. 413.)

Die angebliche Anknüpfung an den Tersteegen'schen Geist ist aber eine faktische Alteration desselben. Ein neuerer Biograph des frommen, innigen Sängers an der Ruhr ruft aus: „Wie himmelweit verschieden ist Tersteegens Auftreten von der oft hochmüthigen und zudringlichen Propaganda moderner baptistischer oder methodistischer Sendboten und Colporteure." (Thikötter, Vorträge 1862, S. 169.) Schon predigte der Agent der Albrechtsleute in Mülheim vor etwa 1000 Menschen, freut sich, daß Pastor Heuser in Elberfeld, der längst aus der Landeskirche schied, ihm noch im Herbst wegen der Heiligung in „hartem Zusammenstoß" opponirte, jetzt die Reinigung von aller Sünde mit Kraft und Sieg predigt und ihn als Bruder begrüßt (Chr. B. 1875, Nr. 11). Einer von den Berichten dieses Predigers, Joh. Berger aus Essen, vom Herbst vorigen Jahres wirft in mehrfacher Beziehung so helles Licht auf die Arbeit der Albrechtsleute, daß ich ihn wörtlich mittheile: „Endlich durften wir unsere Mission in Essen beziehen und kamen am 11. August Abends.

spät hier an." Die erste Nacht blieben sie in einer elenden Herberge. Von hier an lasse ich den Bruder wieder selbst reden:

„Am nächsten Morgen bezogen wir gleich unser Haus, wozu uns Herr H...... behülflich war, und nachdem wir ein wenig eingerichtet waren, ging ich an die Arbeit, um Leute zu besuchen und mit ihnen zu beten. Am ersten Sonntage hatte ich gleich eine Betstunde um die gewöhnliche Kirchenzeit in meinem Hause und am Nachmittag eine Predigtversammlung in der von Herrn H...... für Missionszwecke erbauten Kapelle. Die Versammlungen waren gut besucht und reichlich gesegnet, wofür dem Herrn alle Ehre gebühret. Ich habe nun seither meine Versammlungen so fortgesetzt und halte nebst Sonntag auch noch jeden Dinstagabend Versammlung in meinem Hause. Die Versammlungslokale sind immer gedrängt voll andächtiger Zuhörer und das Wort macht einen sichtbaren Eindruck auf die Herzen. Ja, Viele haben mir schon von Herzen gedankt, daß ich gekommen bin, denn das, sagen sie, ist gerade, was wir noch brauchen und worauf wir schon lange gewartet haben. Auch habe ich schon an zwei verschiedenen Plätzen außerhalb Essen gepredigt und bin auf's dringendste eingeladen worden, wiederzukommen. An einem dieser Plätze sagte ich den Leuten am Schluß der Versammlung, wenn sie nun glaubten Bedürfnisse für solche Predigten zu haben und es begehrten, so sei ich bereit, sie regelmäßig zu besuchen; worauf der Hausherr hervorkam, mich mit bewegtem Herzen in seinen Arm nahm und sagte: ‚Ja, ja, Herr Missionar, kommen Sie nur nächste Woche wieder; ich denke, Sie bekommen noch eine große Arbeit mit uns, denn das ist's, was wir noch brauchen.‘

Ich habe auch schon einige der angrenzenden Städte besucht und fand überall viel, viel Arbeit; aber die geeigneten Lokale zur Abhaltung der Gottesdienste zu bekommen, hält sehr schwer. So hatte ich auch das Vergnügen, diese Woche dem jährlichen Stiftungsfest des Vereinshauses in Mülheim a. b. Ruhr beizuwohnen. Dies ist nämlich der Ort, wo der selige Gottesmann Tersteegen lebte und wirkte und dessen Aussaat, obwohl schon 100 Jahre nach ihm, doch immer noch die gesegnetsten Früchte trägt. Mit besagtem Vereinshaus sind auch eine Schule, ein Waisenhaus und ein Zöglingsinstitut verbunden; wovon Pastor Stursberg in Mülheim die leitende Seele zu sein scheint. Aus dem jährlichen Bericht war ersichtlich, daß des Herrn Segen reichlich auf diesem Werke ruht, es ging aber auch durch viel Kampf und Hindernisse. Das Waisenhaus ist dem Bericht zufolge erst in's Dasein getreten und zwar durch ein Vermächtniß von 120,000 Thlr. Ich dachte, wann werden doch auch mal unsere wohlhabenden Glieder zu so edeln Gedanken und großen Thaten kommen? Es waren an diesem Feste wohl 4 bis 5 Tausend Menschen zusammen, die Herren Pastoren Stursberg, Schwabe, Bohwinkel, Rink, Hörnemann u. A. m. waren die erkorenen Festredner. Die Reden, die gehalten wurden, waren nicht leer und machten einen sichtbar tiefen Eindruck auf die versammelte Menge. Die Sünden und das Verderben der Kirche wurden schonungslos angegriffen; nur mit dem Arzt und einzigen völligen Heilmittel dieses Verderbens, nämlich mit der vollen Heilkraft des von allen Sünden reinigenden Blutes Jesu Christi, hielt man etwas zurück. Jetzt löste sich bei mir vollständig das Geheimniß, daß nämlich unter der Wirksamkeit dieser landeskirchlichen Vereine so Viele nur erweckt werden und nur Wenige zu einer klaren und gründlichen Bekehrung kommen; denn wo sollen die armen Leute hin, wenn ihnen der Zustand der Gerechten und Heiligen so mit dem Zustand der Ungerechten und Gottlosen vermengt wird, daß man ja doch am

Ende sie alle unter eine Rubrik der ‚Sünder‘ bringt? Wie sollen die erweckten Seelen zum Frieden mit Gott und zu einer lebendigen Gewißheit ihrer Annahme kommen, wenn man ihnen nicht den Heilsplan in allen Theilen kräftig auseinander setzt und erklärt? Und endlich, wie sollen Gläubige zu der Heiligkeit, die zum Anschauen der Herrlichkeit unumgänglich nöthig ist, herangebildet werden, so man eine völlige Erlösung von Sünden in diesem Leben trotz den deutlichen Aussprüchen der heiligen Schrift geradezu leugnet? Würden diese kirchlichen Vereine geradezu die Lehre des Evangeliums rein und lauter, in der Kraft und Beweisung des heiligen Geistes verkündigen, so könnte, ja würde ohne Zweifel ihr Wirken zur gründlichen Reformation der Kirche führen, anderenfalls bleibt es immer nur ein Flicken des alten Kleides mit einem neuen Lappen und ein Fassen des Mostes in die alten und verdorbenen Schläuche Matth. 9, 16. 17. Und dennoch muß man sich freuen und Gott danken, in der Landeskirche noch so viel Geistesregung und Leben zu finden, denn da ist sicherlich noch das Salz der Kirche und das Licht der Welt; und wenn es auch gleich unter einem Scheffel steht, wird es doch zu seiner Zeit noch von seiner Umschränkung frei werden und dann auch im vollen Glanz hervorbrechen.

Auch sind diese Vereinshäuser, die man hier in Norddeutschland sehr häufig in den größeren Städten findet, eine segensreiche Anstalt, würden es aber noch viel mehr sein, wenn man sie von den Schenkstuben und Rauchzimmern reinigen würde. Es ist einem Amerikaner sehr auffallend, ja wohl ganz widerlich, eine Kapelle, die für gottesdienstliche Zwecke bestimmt und eingeweiht ist, mit langen und vielen Biertischen angefüllt zu sehen, wo man zwischen den gottesdienstlichen Uebungen dann gemüthlich seine Cigarre raucht und sein Bier, seinen Wein oder Kaffee trinkt. Und ein solches Unwesen habe ich bis jetzt noch bei allen Vereins= häusern, als Sammelplätzen der ‚Gläubigen‘ gefunden. Da geschieht es dann nicht selten, was auch Pastor Stursberg in seiner Eröffnungsrede bei dem Fest beklagte, ‚daß Leute sich ebenso lieb im Vereinshaus, wie in einer Kneipe voll= saufen‘ und dann große Ruhestörung verursachen. Nun ja, was ist denn auch der Unterschied zwischen einer Kneipe und einem Vereinshaus, wenn man in beiden ein Geschäft treibt? Aber warum treibt man das Schenkgeschäft in Verbindung mit diesen Vereinshäusern? Könnte man es nicht ebenso gut den Wirthschaften überlassen, wo es doch eigentlich hin= gehört? Nun ja, der Ursachen gibt es wohl viele, die ich selbst nicht alle kenne; aber mir scheint's, es geschieht haupt= sächlich deßhalb, um auch in den Vereinshäusern etwas ‚An= ziehendes‘ und eine gute Einnahmequelle zu haben. Denn der Vorwand, daß dadurch besonders die Jünglinge von dem bösen Einfluß der Wirthschaften unter den bessern Einfluß der Vereinshäuser und der Religiösgesinnten gebracht werden, scheint mir nicht nur ein grundloser, sondern auch ein zweck= widriger zu sein. Man reinige die Vereinshäuser von diesen Uebeln und dann erst wird ihr Einfluß ein recht gesegneter sein.

Daß unter solchen Umständen auch die Evangelische Ge= meinschaft eine große und wichtige Aufgabe hier hat, wird unsern Freunden aus dem Gesagten nun recht völlig klar werden; und mein Gebet ist: ‚Herr, hilf uns unsere Pflicht zu thun und die Wahrheit des Evan= geliums in der Kraft unseres Meisters vorzutragen!‘ An heilsverlangenden Seelen fehlt es hier nicht; bereits darf ich täglich mit solchen im Familienkreise und auch in meinem Hause um Gnade beten und der Herr wird ohne

Zweifel seine Sache siegreich hinausführen. Freunde, gedenket unser!

Achtungsvoll Dein u. s. w.

J. B."

Zur Ergänzung für den augenblicklichen Stand in Essen bemerken wir noch, daß nach der Ansicht der dortigen Brüder wenigstens noch zwölf Missionare dorthin müssen. Die Aussichten seien dort so versprechend, daß man an der nächsten Jahres-Conferenz einen eigenen Preußen-Distrikt formiren sollte. Rücksichtlich dieser „äußerst dringenden" Verhältnisse in Rheinpreußen hat das Bau-Comitee in Bern am 3. November 1874 folgenden Beschluß gefaßt: „Da in Essen und Umgegend unsere Aussichten in Bezug auf das Missionswerk sich über alles Erwarten günstig ge= staltet haben, so daß wir in Besitz von eigenen Gottes= häusern in dieser Gegend bald die überraschendsten Siege feiern könnten, da wir aber dieses Vortheils ermangeln und nur sehr schwer Etwas miethen, noch viel weniger aus eigenen Kräften kaufen können: daher beschlossen, daß wir unsere theuern Preußen=Brüder in Amerika herzlich bitten, daß sie uns zur Errichtung eines Gotteshauses in Essen die nöthige Unterstützung leisten." (Christl. Botsch. 1874, Nr. 52.) Die erbetenen Beiträge fließen schon. Etwa 5000 Dollar werden zu dieser ersten Kapelle der sehr ver= sprechenden Preußenmission erforderlich sein. (Christl. Botsch. 1875, Nr. 12.) [3])

Blicken wir nun nach dem benachbarten Westfalen, so hören wir, daß die Kapelle in Dortmund besonders Abends gut besucht ist und mehr Bekehrungen erwartet werden. In Gelsenkirchen nehmen an den Versammlungen des Br. Kächele und Anderer auch kirchliche Gemeindeglieder Theil. Unter dem annoncirten, unbekannten und einfachen Titel „Evangelische Gemeinschaft" ahnen sie keinen solchen Methodismus und gewiß geht es an anderen Orten ebenso. In Bochum wurde ein neues Lokal gesucht und es fängt an „Etwas zu tagen". Im Ganzen gab es bei den Bekehrungen „ganz herrliche, ergreifende Vorfälle". Hierzu wird unter Anderm Folgendes gerechnet: Ein bekehrtes Mädchen wurde von Jemand ermahnt, doch nicht aus der Landeskirche zu treten, erwiederte aber: „Die Kirche ist nicht der Tempel Gottes, sondern ein bloßer Steinhaufen; den Tempel Gottes habe ich nun in meinem Herzen." Das östliche Westfalen und besonders Lippe werden von den Essener Brüdern zunächst bloß flüchtig besucht. Es treten uns die Namen Bielefeld, Heeben, Nieenhagen, Lieme, Heiden, Lüdenhausen, Wattenhausen, Lemgo, Detmold, Wellentrog, Wackenbruch u. s. w. entgegen. In Bielefeld wirkt seit einem Jahr der bischöfliche Methodistenprediger Spille. Er wünscht einen Gehülfen. Es wird den Leuten dort schwer, eigentliche Methodisten zu werden, doch glaubt man, daß die „lieben Seelen ihre Bedenklichkeiten fallen lassen werden" (Evangelist 1875, S. 158). Die Albrechtsleute wenden sich mehr nach Lippe, das sie „mit Ernst in Angriff nehmen wollen" und wo, wie sie „vollständig überzeugt" sind, der Herr eine große Arbeit und herrliches Werk schaffen will. Der Agent berichtet, daß er bei seinen Privatbesuchen kein Geld genommen habe, „allein die Leberwürste und Brot mit Kaffee wurden mit herzlichem Dank um so bereitwilliger angenommen, da ich gerade durch die vielen Fußtouren oft reichliche Bedürfnisse für dieselben empfand. Wahrlich, es ist gut reisen im Lippeschen!" Die Lippeschen Geistlichen werden dagegen als geldliebend geschildert und „Schwämme" genannt (Christl. Botsch. 1875, Nr. 11) [4]). Von dem rheinisch-westfälischen Werk im Ganzen heißt es: „Täuschen uns nicht die Anzeichen, so stehen wir im Anfang einer großen Erweckung, welche uns der Herr in Gnaden schenken wolle" (Christl. Botsch. 1875, Nr. 7). Ueber die Propaganda in Preußen überhaupt aber schreibt A. Hülster (W.'s Conf.) an den „Christlichen Botschafter" (1875, Nr. 10) u. A. Folgendes: „Wer hätte noch vor wenigen Jahren geahnt, daß gelehrte Theologen Deutschlands einen schlichten Amerikaner (Smith) einladen würden, um unter ihnen von dem ‚vollen Heil' in Christo zu zeugen? Welche gewaltigen, tiefgreifenden Veränderungen das sind! Welche herrlichen Berichte hast du uns unlängst von unserer jungen Preußenmission gebracht! Welcher Missionsfreund wird da nicht zum Lobe Gottes ermuntert, aber auch zum Beten und Geben veranlaßt? Tausende rufen mit mir: Es lebe die Preußenmission! Lasset uns dem Herrn ein Extraopfer bringen. Einliegende 10 Dollar sind für die erste Kapelle in Essen."

In dem Kirchenkreise des Verfassers, im südlichen Westfalen, ist die versuchte Propaganda des Methodismus bisher erfolglos gewesen. Die Grundstimmung des hiesigen christlichen Lebens ist reformirt und hält mit Bewußtsein und Entschiedenheit die Rechtfertigung allein durch den Glauben als Cardinalpunkt fest. Daher werden sämmtliche separatistisch gerichteten Elemente bei uns von den besonders in diesem Dogma streng calvinischen Plymouthsbrüdern (Darbysten) absorbirt, während die Versuche der vorzüglich die Heiligung betonenden Methodisten bisher scheiterten. Die darbystische Bewegung in Deutschland und besonders in den westlichen Provinzen Preußens hat zur Zeit einen Umfang erreicht, daß sie es verdiente, besonders untersucht und dargestellt zu werden. Uns kommt es hier nur darauf an, ihr Verhältniß zum Methodismus unter Angabe ihrer hervortretenden Charakterzüge kurz zu zeichnen. Bei Besprechung der methodistischen Bewegung in der Schweiz wiesen wir schon darauf hin, daß Darbysmus und Methodismus sich gegenseitig abstoßen. Für Darby ist der methodistische Kirchenbegriff noch viel zu consistent. Irre geworden an der apostolischen Successionslehre der anglikanischen Kirche schritt er fort bis zur Verwerfung jedes kirchlichen Bestandes und wollte nur die Heiligen der letzten Tage formiren, da für die zerstreuten Kinder Gottes Nichts weiter übrig bleibe, als sich im Vertrauen auf die Verheißung des Herrn (Matth. 18, 20) in kleinen Gesellschaften zu vereinigen. Jeder Christ hat das Recht, zu predigen und die Sakramente zu verwalten. Schon hieraus geht hervor, daß der allgemeine Vorwurf des sektirerischen, separatistischen Wesens, der oft dem Methodismus überhaupt, ohne Kenntniß und Unterscheidung seiner mannigfachen Denominationen gemacht wird, bei den Darbysten allerdings an eine richtigere Adresse gelangt. Wo diese Richtung des „religiösen Radikalismus und der kirchlichen Demokratie" (J. J. Herzog: Les frères de Plymouth et John Darby, Lausanne 1845) Wurzel schlägt, läßt sie den Methodismus so leicht nicht aufkommen, dem Darby sogar vorwirft, daß er in Lehre und Disziplin die theuersten Heilswahrheiten bei Seite setze, so daß in ihm beinahe keine wahren Christen zu finden seien. So sehr wir uns nun abgestoßen fühlen von dem ordnungsfeindlichen Gebahren der Darbysten, finden wir sie bei der Rechtfertigungslehre doch im Vorzug gegen die Methodisten, welche dieselbe zwar auch haben, aber praktisch vor der großen Aufgabe der Heiligung ganz zurücktreten lassen. Darby wirft diesen vor (De la doctrine des Wesleyens à l'égard de la perfection et de leur emploi de l'Ecriture Sainte à ce sujet), daß sie über die Quelle des Friedens und des Heils im Irrthum seien, da sie anstatt eines einfachen Gefühls

von der Liebe Gottes eine völlige Aufhebung der sündlichen
Natur verlangten und den Begriff der Sünde schwächten und
auf Nichts zurückführten, um ihn ihrer Vollkommenheit anzu-
bequemen.' Auf die wahre Empfindung der Gnade Gottes
gründe sich hienieden auch immerdar das Bewußtsein der
Sünde. Seine Anhänger nennen sich einfach Brüder oder
Christen und feiern das Abendmahl so, daß sie sich Brot
und Wein selbst nehmen. Zwei oder drei Personen nahen
sich einem Tische, auf welchem eine Flasche mit Wein nebst
einigen Gläsern und ein Teller mit Brot stehen, und ge-
nießen so das heilige Mahl ohne Vorbereitung, wobei oft
nicht einmal die Einsetzungsworte gesprochen werden. Diese
Darbysten ziehen also unsere hiesigen Gemeindeglieder an sich,
die dem Separatismus zuneigen, und wehren bis jetzt dem
Methodismus den Eingang. Jedoch ist ein in meiner Gemeinde geborener, früh ausgewanderter Mann, der jetzige
Rev. F. W. S., seit 1851 Mitglied der Evangelischen Gemeinschaft in Amerika, seit 1858 Prediger, seit 1870 Haupt-
agent der Buchanstalt in Cleveland.

Schauen wir endlich noch nach Sachsen, so finden wir,
daß die Evangelische Gemeinschaft jetzt auch in Dresden sich
einen Mittelpunkt für ihre Missionsthätigkeit zu schaffen sucht,
einen Prediger angestellt hat, ein Grundstück erwerben will
und viele Leute aus den niederen Ständen an sich zieht.
Sie gibt als den einzigen Zweck ihrer Arbeit die Förderung
der inneren Mission an, „aber ihre Absonderung von Allen,
die das gleiche Ziel verfolgen, muß mit Recht befremden,
wenn nicht Mißtrauen erwecken" (N. evang. K.=Ztg. vom
14. Nov. 1874). Es ist bezeichnend, neben dieses Urtheil
das zu stellen, was die deutschen Arbeiter der Albrechtsleute
über die Lage in Dresden sagen: „Höret den Hülferuf unseres theueren Missionars in Dresden. Dort steht dieser

Mann Gottes ganz allein in einem stockfinsteren Land, in einer der volkreichsten, aber auch hülfsbedürftigsten Städte Deutschlands, von einer herrschsüchtigen Priesterkaste verfolgt, von verrotteten, dem Geist mittelalterlicher Hierarchie entsprungenen Gesetzen gebannt und auf's schlimmste in seinem segensreichen Wirken gehemmt. Wir mußten ihm ein Gotteshaus kaufen, wollten wir die ganze, wichtige Position unseres Vorkämpfers in Sachsen nicht aufgeben." (Chr. B. 1874, S. 409.)

Wir sind am Schluß. Ich habe im Obigen die Kenntniß des Wesens dieser Gemeinschaft fördern wollen, die nun doch einmal unter uns in Wirksamkeit steht. Noch gibt es auf deutschem Boden keine großen Campmeetings der Albrechtsleute mit ihren convulsivischen Bußkrämpfen, mit dem Seufzen und Stöhnen der auf der Angstbank (anxious bench) Knieenden, mit dem schallenden Jubel der zur Bekehrung Gekommenen. Aber schon schreiben die Würtemberger Methodisten Lagerversammlungen im Freien mit „sehr vielen" Predigern aus (6. oder 17. Mai 1875 bei Vaihingen) und deutsche Stimmen rühmen die Campmeetings als treffliche geistliche Badereisen. Eins vergesse man nicht. Die soziale Frage liegt vor. Doch zeigt sich in den Kreisen der Arbeiter, die bei ihr in erster Linie stehen, an einzelnen Stellen und zwar bei den besseren Elementen eine gewisse Uebersättigung an sozialistischen Phrasen und religiöser Negation, ein Ueberdruß, der in gute Bahnen geleitet werden kann (Evang. Arbeiterverein in Stuttgart), aber auch leicht dahin zu bringen ist, in eine energische, erregte, außerkirchliche Frömmigkeit umzuschlagen. Auf der anderen Seite haben separatistische Velleitäten schon an manchen Orten den Boden geschaffen, in dem der Same der Albrechtsleute aufgehen und üppig gedeihen kann. Auch bei unseren Stundenhaltern finden sich hie und da methodistische Neigungen, welche die Fäden bieten, daran die transatlantischen Prediger anknüpfen können. Unseren christlichen Nothständen kann keine Abhülfe geschafft werden durch starre, confessionelle Kirchlichkeit. Vor den gewaltigen, religiös principiellen Differenzen der Zeit, die den tiefsten Grund aufwühlen und die Christen mächtig zur Eintracht rufen, steht die Exclusivität der Dogmatik einflußlos zur Seite. Ferner sollte auch Roms gewaltiges Rüsten und Ringen unsere Herzen etwas weiter und wärmer machen und festeren Zusammenschluß der Kräfte lehren. Unsere evangelische Kirche hat Raum für Wittenberg, Zürich und Genf, sie schaut mit dem Auge des Glaubens durch die verschiedene Lehrform hindurch auf das, was bei allen Dreien als das Eine, was noth ist, im Grunde ruht. Aber mit diesem weitherzigen Sinn können wir wohl vereinigen eine warme Pietät für Alles, was sich uns erweist als geboren aus dem Geist unserer evangelischen Väter. Wir wollen nicht undankbar den historischen Faden zerschneiden, der uns mit ihnen verbindet, nicht ohne Noth die Lebensluft der evangelischen Kirche verleugnen, die wir von Jugend auf einathmen. Christenthum und Kirchenthum sind nicht dasselbe. Aber es sind auch bei uns, Gott sei Dank, noch keine sich ausschließenden Gegensätze. Die christliche Gemeinschaft soll die kirchliche durchdringen, aber nicht aufheben. Wir können den übertriebenen Kirchenschmerz nicht verstehen, der angesehene Männer der Kirche in öffentlicher Versammlung zu dem Wort veranlaßt: „Wir haben noch nicht die Freudigkeit, aus der Landeskirche auszutreten." Dankbar freuen wir uns der reichen Lebensquelle, die in ihr doch noch sprudelt, daraus die Dürstenden noch jeden Tag mit vollen Zügen Erfrischung trinken können. Daneben reichen wir gerne anderen Kirchen des Evangeliums die Hand. Die verschiedenen presbyterianischen Kirchengemeinschaften Amerika's einigen sich jetzt in einer Generalconvention, „ohne Regiment und Wirken der einzelnen Kirchen anzutasten". Sie beabsichtigen unter Anderem, sämmtliche protestantische Kirchen des Erdballs dahin zu bringen, daß sie vereinigt und gemeinschaftlich gegen die Anmaßungen und Irrthümer Roms Front machen. Wir sehen keinen Grund, der die evangelischen Kirchen Deutschlands hindern könnte, daran Theil zu nehmen. Die Betonung des Gemeinsamen soll unsere Freude sein. Unser Kirchenthum soll durch unser Christenthum geweiht und von Engherzigkeit geläutert werden. Aber wir verstehen es nicht, wenn hie und da in übertriebener Rücksicht auf ausländisches Wesen unsere eigene, kirchliche Physiognomie gar Nichts mehr gelten, ganz ausgelöscht werden soll. 5) „Wir wollen gern von unseren amerikanischen und englischen Brüdern lernen; aber unsere deutsche Eigenart ist ein Pfund, das wir nicht verzetteln dürfen" (N. evang. K.=Ztg. über Moody und Sankey 1875, Nr. 16). Die Individualität wird durch den heiligen Geist nicht verachtet und vernichtet, sondern geweiht und verklärt. Das gilt von den Aposteln und Christen, das gilt auch von den auf evangelischem Grunde stehenden kirchlichen Gemeinschaften. Ihre eigenthümliche Art bildet und entwickelt sich nicht ohne providentielle Leitung nach der besonderen religiösen Anlage und Begabung, welche den verschiedenen Nationen verliehen ist. Es gibt eine berechtigte Kirchen=Individualität und zwar bei den Gemeinschaften, die frei von Separatismus sich im Prüfungsprozeß der göttlichen Reichsgeschichte als wahrhaft kirchenbildend legitimiren.

Offenbar können wir auch aus der dargestellten Bewegung Etwas lernen. Aber bei tieferem Eindringen wird uns dieses importirte Wesen im Ganzen nicht ansprechen. Denn so entschieden eine Belebung und Vertiefung unseres

chriſtlichen und kirchlichen Lebens noth thut, ſo wenig geſund
erſcheint uns die Frömmigkeit der Albrechtsleute, ſo wenig
geeignet, im Großen reformirende Kraft und Wirkung an
unſerem Volke zu offenbaren. Sie entſpricht weder dem demü=
thigen und doch glaubensfriſchen Hauch unſerer reformato=
riſchen Väter, noch überhaupt dem deutſch=chriſtlichen Cha=
risma. Andere mögen anders urtheilen.

II.

Robert Pearsall Smith.

Am liebsten hätten wir von der Smith'schen Bewegung
ganz und gar geschwiegen. Denn sie ist noch frisch und
eine objektive Beurtheilung ist schwer. Doch sind wir uns
bewußt, in der Liebe zu schreiben, von der es heißt „sie
freuet sich der Wahrheit". Wohl meint der „Christliche
Botschafter" (1875, Nr. 12), bei so gewaltigen Erschütterungen
der schlafenden Christenheit, wie Moody, Sankey und Smith
sie bringen, könnten die „Mäul= und Federschergen todter
Staatskirchen" nicht schweigen, sondern müßten dieselben
alten Widersprüche auftischen, denen „Jesus, Paulus, Luther,
Wesley und Albrecht" in reichster Fülle ausgesetzt waren.
Aber selbst wenn wir eine ähnliche Kritik erfahren sollten,
soll sie uns nicht irre machen in derselben Liebe, von der
Paulus sagt: „Sie suchet nicht das Ihre, sie läßt sich nicht
erbittern."

Unsere Arbeit führte uns naturgemäß zu einer näheren
Prüfung dieser Angelegenheit. Denn die Smith'sche Bewe=
gung wird von den Albrechtsleuten auf das lebhafteste be=
grüßt und besprochen und ebenso von allen Methodisten dies=

seits und jenseits des Oceans. Auch werden sich uns Fäden zeigen, die sichtlich aus dem Methodismus in sie hinein= laufen. Das ist ein Resultat, das sich lediglich unser For= schung aufdrängte, aber an sich nicht dazu bestimmt ist, gegen die Sache einzunehmen. Wir haben kein Vorurtheil gegen diese jetzt auch Deutschland durchzitternde Bewegung, haben ihren mächtigen Eindruck vor Augen, halten jedoch dafür, daß vor einem abschließenden Urtheil erst Dauer und Früchte derselben abgewartet werden müssen. Das wird sich noch rascher dann zeigen, wenn Mr. Smith, wie verlautet, demnächst Bonn zum Wohnsitz und Mittelpunkt seiner Ar= beit unter uns wählen sollte.

Noch wird die Bedeutung der Bewegung ganz verschieden beurtheilt. Manche sehen in ihr ein methodistisches Revival, von außergewöhnlichem Geschick geleitet und getragen von einer wirklichen religiösen Kraft und frommen Erfahrung. Sie erinnern daran, daß die Methodisten schon längst zu der Erkenntniß gekommen sind, daß das oft erzwungene Pathos und forcirte Wesen ihres Auftretens auf die Dauer abstößt und ermüdet. In der That reden die methodistischen Prediger Amerika's jetzt durchweg ganz einfach, kindlich, natürlich und zwar in einem solchen Grade, daß nach dem Bericht von Ohrenzeugen die Natur dabei oft wieder als Kunst er= scheint. Demgemäß hätte die Wirksamkeit des so einfach, herzlich und gewinnend redenden Smith hier ihre Analogie. Ganz anders freilich lautet das Urtheil der Freunde dieser Bewegung, die ihr mit großer und theilweise blinder Be= geisterung zugethan sind. Sie sehen in Pearsall einen Josua (Glaubensweg, S. 6), in seiner Bewegung eine Neubelebung der ganzen Christenheit, eine zweite Refor= mation, eine Ausgießung göttlichen Geistes. Pearsall selbst sagte darüber in Basel: „Es geht jetzt über die ganze.

allgemeine, christliche Kirche eine solche Macht des
Geistes, wie wir sie seit der Reformation und der Wieder-
belebung im vorigen Jahrhundert in England nicht mehr
gesehen haben." (Evangelist 1875, S. 150.) Er hält
also dreierlei Namen für die Entwickelung der Christenheit
in gleicher Weise für epochemachend: Luther, Wesley und
Moody-Sankey.

Sollen wir zunächst von seiner Persönlichkeit reden, so
müssen wir sie als eine geweihte, christliche anerkennen.
Alle, die selbst mit ihm verkehrten, rühmen seine unge-
heuchelte, tiefe Demuth, die das oberste Kennzeichen des
Christen ist. Die liebenswürdige Art, der überaus ge-
winnende Eindruck, die Innigkeit seines persönlichen Christenthums, seine treffliche und praktische Weise, die Gemüther
in die Stille zu führen und vor ihrem Gott zu sammeln,
nehmen viele Christen ganz dahin und halten sie ab von
der näheren Prüfung. Auch wir geben seinem persönlich
wahren, demüthigen, innigen Christenthum volle Achtung
und Anerkennung. Wir versagen diese auch einem Katholiken und Darbysten nicht, ohne dadurch seine Lehre gleich
anzunehmen. Wir können Jemand in christlicher Bruder-
liebe umfangen und doch seine Ansichten in einzelnen Punkten
tadeln. Wir bitten nochmals, von unsern Zeilen voraus-
zusetzen, daß sie lediglich in Liebe der Wahrheit dienen und
sachlich fördern wollen. Schon fluthet ein Strom von
Literatur um Smith herum. Wir berücksichtigen besonders
seine eigenen Schriften, ohne andere zu übersehen, die aus
der Bewegung hervorgingen. In einigen seiner letzten
mündlichen Vorträge (z. B. in Barmen am 3. Mai) hat
Smith Hauptstücke seiner Lehre wesentlich limitirt, so auch
die Lehre von der Sündlosigkeit der Wiedergeborenen. Wir
können darauf vorläufig nicht eingehen und müssen uns an

das halten, was er mit reiflicher Ueberlegung englisch und deutsch in Druck gegeben hat.

Vom 29. August bis 7. September 1874 fanden in Oxford die Versammlungen zahlreicher evangelischer Christen aus den verschiedensten Kirchen statt zur Beförderung schriftmäßiger Heiligkeit. Auch Deutsche und Franzosen nahmen Theil. Robert Pearsall Smith, ein reicher Fabrikant aus Philadelphia, leitete dieses Union meeting for the promotion of scriptural holiness. Er wurde als Quäker erzogen, trat später der Presbyterianerkirche bei, gehört jetzt nach seiner eigenen Aussage zu gar keiner kirchlichen Gemeinschaft, ist aber nach vieler Zeugniß „ein liebenswürdiges Gotteskind". Stilles und lautes, einzelnes und gemeinsames Gebet, Mittheilungen von religiösen Erfahrungen, Predigten, biblische Vorträge, Solo- und Chorgesang füllten die Tage jener berühmt gewordenen Woche aus. Auch Frau Smith hielt förmliche Bibelstunden (trotz 1 Cor. 14, 33—35), bei denen auch Männer sich zahlreich einfanden. Von Oxford ging im vorigen Jahrhundert der Methodismus aus. Dort wurden die Jünglinge, die sich mit Charles Wesley zu frommer Gemeinschaft vereinigten, zuerst Methodisten genannt (1728). In Oxford nahm auch diese neueste religiöse Erweckung ihren Anfang und wird deßhalb kurzweg als die Oxforder Bewegung bezeichnet. Sie hat sich rasch verbreitet und großartige Erfolge aufzuweisen. Zunächst in England, wo sie im brüderlichen Verhältniß steht zu den Massenversammlungen von Moody und Sankey. In Frankreich wird sie besonders gefördert durch den kürzlich als Evangelist ordinirten Theodore Monod in Paris, Nimes, Montmeyran, Montauban, Marseille u. s. w. Aber auch in Deutschland fand die Bewegung vielen Beifall, der sich dadurch gewaltig steigerte, daß Pearsall einer Einladung nach Berlin im

Frühjahr folgte. Sein Erscheinen füllte den Saal des Vereinshauses wie noch nie zuvor. Hunderte mußten umkehren, ohne Platz zu finden. Er sprach vor Geistlichen und vor Laien. Von dort aus besuchte er noch einige Städte, wo man sein Erscheinen wünschte, und hielt ähnliche Versammlungen ab, besonders in Basel, Stuttgart, Frankfurt und Elberfeld-Barmen. In Deutschland sind bisher wohl kaum solche Volksmassen zu religiösen Versammlungen zusammengeströmt, als zu ihm. Selbst der etwas störende Umstand, daß er nur Englisch redet und sich eines Dolmetschers bedient, schien eher anziehend, als abstoßend zu wirken. Er will selbst den kommenden Winter in Deutschland wohnen, das Werk mehr zu fördern und die Bewegung durch Reisen in noch weitere Kreise hineinzutragen. Am 29. Mai war er wieder in England und leitete eine große Versammlung in Brighton. Prediger aus Deutschland, Norwegen und Schweden, Dänemark, Frankreich, Amerika u. s. w. waren seiner Einladung dorthin gefolgt. Auch einem Vertreter der Albrechtsleute wurde „das generöse Anerbieten" freier Reisekosten gemacht. Denn Smith verfügt über sehr bedeutende Summen, die er besonders in Oxford auf sein Ersuchen zur Förderung des Werkes erhielt. Er selbst ist reich und bestreitet seine Auslagen selbst und will nur zur Ehre Gottes und zum Besten seiner Brüder wirken.

Was nun die Art seiner religiösen Erfahrung angeht, so möchte ich sie nennen die Bekehrung eines Gerechtfertigten zur vollkommenen Heiligung. Schrieb einst Luther auf sein Banner das Wort: „Gerecht allein durch den Glauben", so würde Smith darauf schreiben: „Heilig allein durch den Glauben." In dieser völligen Heiligung oder gänzlichen Uebergabe an den Herrn findet er erst den vollen Frieden des Gewissens und die Seelenruhe, welche ihm seine Recht-

fertigung nicht gebracht hatte. Mit zehn ernsten, gottesfürch=
tigen Arbeitern kniete er einst in einem Waarenlager zwischen
den Ballen nieder, „um in die Ruhe einzugehen". · „Wir
blieben fünfviertel Stunden auf unsern Knieen unter Gebet,
Lob Gottes und stiller Anbetung. Auch von uns mochte ge=
sagt werden: Und als sie gebetet hatten, bewegte sich die
Stätte, da sie versammelt waren und sie wurden alle des
heiligen Geistes voll. Ich weiß es zuversichtlich, daß ich
zu der Stunde durch einen bewußten Vorgang zwischen Gott
und meiner Seele in eine völlige Seelenruhe in Christo
einging, eine Ruhe, die durch das reinigende Blut Christi
zu Stande gebracht war und seitdem habe ich sie nicht wieder
verloren." (Heiligung durch den Glauben, S. 84.) Halten
wir im Auge, daß Smith zuerst sich als gerechtfertigt an=
sah und fühlte. Erst später wurde durch obigen bewußten
Vorgang Christus als der heilige Weg Gottes seinem Herzen
geoffenbart, noch ehe er die Schriftlehre von der Heiligung
durch den Glauben klar beweisen konnte. Seine Heiligungs=
erfahrung nahm also ihren ursprünglichen Ausgang nicht von
dem Boden der heiligen Schrift, sondern von seiner subjektiven,
christlichen Empfindung. „Die Wolke eines mangelhaften, theo=
logischen Systems war durchbrochen und wie ein Sonnenstrahl
drang die selige Gewißheit in meine Seele, daß mein Leben ein
Sieg werden könnte, wo es sonst Niederlage war; heilig,
wo es unheilig war; tadellos, wo es sündlich gewesen war"
(das. S. 64). Hiervon unterscheidet Smith wiederum das,
was er die Geistestaufe nennt, die er in visionärer Art beim
Gebet in einem Walde erfuhr und die einen andern Pre=
diger dabei so überwältigte, daß er mehrere Stunden sprach=
los, mit gefalteten Händen und dem Ausdruck himmlischer
Freude da lag (Wandel im Licht, S. 129). Bedenklich ist,
daß nach seiner Ansicht jeder an den Herrn Jesum Glau=

bende diese bewußte, bestimmte Geistestaufe in einer von dem gewöhnlichen Maß des Geistes verschiedenen Weise empfangen (S. 135) und um sie beten soll (S. 141). Es gibt Tausende von evangelischen Christen, die durchaus keine todten Kirchenglieder sind, die ihr Leben lang sich begnügen mit den geordneten Gnadenmitteln Wort Gottes, Sakrament, Gebet und die im Frieden heimgehen, ohne von einer plötzlichen Geistestaufe je Etwas erfahren zu haben. Nach Smith's Auffassung stehen sie auf einer unvollkommenen Stufe, da ihr inneres Leben an einem bedeutenden Mangel leidet.

Doch wir treten seiner Lehre näher und theilen die Eindrücke mit, die wir empfangen haben. Oft beginnt er damit, daß er zwei Botschaften habe, die eine für Unbekehrte, die andere für Kinder Gottes. Doch tritt die erweckende Einwirkung auf Unbekehrte Etwas zurück vor einer Art von innerer Mission bei gläubigen Christen, die er treiben will. Sein Ziel ist persönliche Heiligkeit, ein heiliges, dem Willen Gottes entsprechendes Leben, eine wirkliche Lebensgerechtigkeit. Der Weg zu diesem Ziele ist wie bei der Rechtfertigung lebendiger Glaube, persönliche Hingabe, Selbstopferung an den Herrn. Sollten wir seiner gesammten christlichen Anschauung eine Ueberschrift geben, so würden wir sie nennen: Heiligung durch den Glauben an Christus oder noch kürzer: Heiligung durch Christus. Sein Verdienst ruht darin, daß er vollen Ernst macht mit einem christlich geheiligten Leben, ohne diese Heiligung durch selbstgemachte Ascese erlangen zu wollen. Stets hält er fest, daß wir nur dann geheiligt werden können, wenn wir auf alles Eigene verzichten und uns Christo ganz ergeben. Ferner betont er immer wieder, daß wir in die Möglichkeit und Wirklichkeit unsrer eigenen Heiligung völliges Vertrauen setzen müssen, oder vielmehr in die nicht nur beseeligende, sondern auch heiligende Macht Christi. Christus ist ihm Alles. Nach dieser Seite ist seine Lehre evangelisch. Aeußere Werkheiligkeit liegt ihm ganz fern. Aber ebenso fest steht ihm das Folgende: Der wahre Christ kann und muß nach der Schrift von jeder bewußten Sünde frei sein; nach der Erweckung, Bekehrung, Wiedergeburt bleibt ihm die allgemein menschliche Unvollkommenheit und Irrthumsfähigkeit; aber so lange er nicht vollkommen Sieger ist über jede bewußte Sünde, hat er auf den Namen eines wahren Christen nach biblischer Norm in keiner Weise Anspruch. Allerdings weist er das Mißverständniß ab, daß er eine reale Sündlosigkeit im irdischen Stande wolle und einer ungesunden Vollkommenheitslehre huldige. Sündlose Vollkommenheit oder die unbedingte Heiligkeit Gottes kann nicht erlangt werden. „Gewiß bleibt immer noch viel in uns, wenn auch unbewußt, was der Vollkommenheit der Engel oder sogar der des Adam in seinem Zustand der Unschuld zuwider ist.“ Wir fragen: Ist dieses unbewußt Zurückbleibende denn noch Sünde zu nennen? Smith kann sich nicht dazu entschließen. Er sagt weiter: „Ich gestehe, daß ich nicht im Stande bin, auf die Frage einzugehen, inwiefern dieses Böse Sünde sei oder nicht.“ Unser nothwendigerweise unvollkommener und in der Heiligung wachsthumfähiger Zustand könne doch nicht im gewöhnlichen Sinne sündlich und unheilig genannt werden. In unserem geschwächten menschlichen Zustand erwarte Gott von uns weder den Gehorsam des unsterblichen Adam im Paradiese, noch die ununterbrochene Anbetung der Engel. Diese Rücksicht auf unsere menschliche Schwäche, „solche liebende Verwendung unserer gegenwärtigen Kräfte dürfen wir nicht Sünde nennen, sonst möchten wir der Schrift widersprechen und Sünde und Gehorsam verwechseln“ (Heiligung durch den Glauben,

S. 94 ff.). Daß Gott von uns keine göttliche Heiligkeit, noch die des Adam oder der Engel fordert, ist allerdings richtig, wird auch von den eifrigsten Methodisten nicht gelehrt. Aber der Apostel Johannes war nicht von solchen Bedenklichkeiten erfüllt, ob er das in ihm Gebliebene noch als Sünde anerkennen solle oder nicht. Er sagt einfach: So wir sagen, wir haben keine Sünde, so verführen wir uns selbst und die Wahrheit ist nicht in uns. Freilich rügt Jakobus an den apostolischen Christen mit großem Ernst den Uebelstand, daß sie noch nicht aus einem Gusse sind, daß sich noch Dinge bei ihnen finden, die völlig unvereinbar sind, Loben und Fluchen, Liebe und Sünde. Er ruft ihnen das in der Oxforder Bewegung uns häufig begegnende Wort entgegen: „Quillet auch ein Brunnen aus einem Loch süß und bitter?" (Jak. 3, 10.) Aber in demselben Kapitel spricht er doch auch ein demüthiges Bekenntniß aus, in das er sich, gerade wie Johannes, selbst ausdrücklich mit einschließt: „Liebe Brüder, unterwinde sich nicht Jedermann, Lehrer zu sein und wisset, daß wir desto mehr Urtheil empfangen werden. Denn wir fehlen Alle mannigfaltig. Wer aber auch in keinem Worte fehlet, der ist ein vollkommener Mann." Besonders heften sich die inneren Erfahrungen Smiths und seiner Freunde an die Kapitel Röm. 7 u. 8, die immer wieder citirt werden. Der mangelhafte Zustand der bloß Gerechtfertigten (Röm. 5, 1) werde besonders dargestellt in Röm. 7, 14—24 und schließe mit dem Klageruf: „Ich elender Mensch, wer wird mich erlösen von dem Leibe dieses Todes!" Diesen müsse man überwinden und durch die Kraft des Glaubens dringen zu dem Siegesruf in B. 25: „Ich danke Gott durch Jesum Christ, unseren Herrn" und zu dem herrlichen Siegeszustand des 8. Kapitels. „Wie manches Jahr", fragt z. B. Hannah Smith, „seid ihr in der Wüste des 7. Kapitels des Römer=

briefes umhergeirrt? Sollen wir in diesem elenden Kapitel leben und bloß kurze Besuche im gesegneten achten
machen dürfen? Ich lebe im achten." (Durch die Wüste
nach Kanaan, S. 25. 33. 34.) Dahin werden freilich Jesu
Jünger geführt und brauchen doch nicht den ersten Vers:
„So ist nun nichts Verdammliches an denen, die in Christo
Jesu sind" mit den Oxfordern von ihrer Heiligung zu deuten.
Wohl spricht das 8. Kapitel von dem herrlichen Wandel nach
dem Geist als der aus der Rechtfertigung nothwendig er-
wachsenden Frucht. Aber bleibt nicht stets die Rechtfertigung
die Wurzel (V. 15—39)? Und klingen nicht aus diesem
herrlichen Siegeszustand noch Worte wie: „Wir sehnen uns
im Innersten nach der Kindschaft; wir warten auf unseres
Leibes Erlösung; wir sind selig in der Hoffnung; wir harren
auf sie durch Geduld" (V. 23—25)? Wir erinnern ferner
an eine kleine Thatsache. Nach dem Siegesruf in V. 25
und zwischen diesem und dem Siegeszustand in Kap. 8 steht
noch der schwierige, aber beachtenswerthe Satz: „So diene ich
nun mit dem Gemüthe dem Gesetz Gottes, aber mit dem
Fleisch dem Gesetz der Sünde." Nun werden zwar Röm.
7 u. 8 und besonders Kap. 7, 24—25 nicht nur von Smith,
sondern fast von allen Bekennern der Bewegung beständig
angeführt, aber dieser Satz (die letzte Hälfte des 25. Verses)
wird eben so beständig ausgelassen.

Es ist biblische und allerdings auch kirchliche Anschauung,
daß bei der Wiedergeburt (etwa in einer Heiligungsversammlung) nicht gleich ein vollkommener Mann, sondern ein Kind
geboren wird. Dieses Kind muß wachsen bis zum vollkommenen Mannesalter in Christo. Das Wachsen geschieht oft
unter Sturm und Wetter. Der Wiedergeborene muß als
Kind, als Jüngling und selbst als Mann noch kämpfen gegen
die Sünde, die uns immer anklebt und uns träge macht.

Und, die Hand auf das Herz, muß nicht der frömmste Christ im höchsten Gnadenstand das aus Erfahrung in aller Demuth von sich bekennen? Bist du ein Sünder? diese einfache Frage möchten wir den begeisterten Freunden Smith's ein Mal entgegenhalten. Ich meine nicht die Frage: „Bist du ein Sünder gewesen?" sondern: „Bist du ein Sünder?" Wenn Luther vor diese Frage gestellt worden wäre, so kannst du dir denken; wie er geantwortet hätte. Wollen aber die Freunde von Smith ihrem Führer treu bleiben, so müssen sie etwa so antworten: „Allerdings bin ich ein Sünder gewesen, auch bin ich jetzt noch nicht so vollkommen, wie Adam vor dem Falle oder wie ein Engel. Aber ich habe durch vollkommene Uebergabe an den Herrn, durch die Heiligung, den anfangs leise schwankenden aber bald vollkommenen Sieg davon getragen über jegliche Sünde. In Betreff der in mir gebliebenen allgemein menschlichen Unvollkommenheit und Irrthumsfähigkeit aber muß ich mit Smith sagen, daß ich nicht im Stande bin, anzugeben, inwiefern dieses Böse Sünde sei oder nicht." Wir dürfen hier allerdings nicht übersehen, daß auch Smith ein Wachsthum in der Heiligung kennt und kräftig betont. Aber es ist ein völlig normales Wachsen. Es gibt Kinder, Jünglinge und Männer, die in Christo ganz geheiligt sind, ein Jegliches in seiner Art. Aber ein Jegliches ist in seiner Art und auf seiner Stufe vollkommen. Das ist allerdings die rechte, normale Entwickelung des göttlichen Lebens. Aber wie man uns immer die christliche Erfahrung als beweisendes Faktum entgegenhält, so berufen wir uns auch auf die Erfahrung und fragen: „Hat diese Entwickelung bei uns so rein und normal stattgefunden?" Nur bei Einem war sie möglich, weil er ohne erbliche Sünde geboren war und ohne jeden Hauch von Sünde lebte. Von ihm freilich müssen wir sagen, potuit non peccare: und er hat das Wort im vollsten Sinne zur Wahrheit gemacht. Aber sollen auch wir diese Möglichkeit als einen Raub an uns reißen? Das ist ja eben die Einzigartigkeit des Herrn, daß er allein ohne Sünde ist, das ist es, was uns sündiges Geschlecht vor seiner heiligen Gestalt auf die Kniee nieder= zwingt und um Gnade rufen lehrt. Uebersehen wir doch nicht die gewaltige Thatsache, daß wir ganz anders stehen wie er, in Sünden empfangen und geboren. Wir setzen uns hier allerdings dem aus, daß Smith mit großem Bedauern von uns redet. Er sagt: „Die gegenwärtige Kirche macht ihre Sünden voll, indem sie dem heiligen Gott Grenzen in seiner Macht setzt." (Siehe: Wandel im Licht, S. 44; Hei= ligung durch den Glauben, S. 134.) Aber was hat es denn für einen Sinn, wenn das Neue Testament gar nicht müde wird, uns zu ermahnen zum Ringen, Laufen, Nach= jagen der Heiligung und besonders zur beständigen Wach= samkeit und zum Kampf gegen die Sünde? Was hat es für einen Sinn, wenn wir durch einmalige Uebergabe in einer Heiligungsversammlung den vollkommenen und bald be= ständigen Sieg mühelos ergreifen können? Der Apostel rügt es als einen entschiedenen Mangel bei den Christen, wenn sie noch nicht „bis auf's Blut" widerstanden haben über dem Kämpfen wider die Sünde. (Hebr. 12, 4.) Das ganz berechtigte mystische Moment bei unserer Heiligung, nämlich unsere Passivität, — sollen wir es so einzig betonen, daß wir sagen: Für den Wiedergeborenen gibt es überhaupt keine sittliche Verantwortlichkeit mehr? Smith thut das aller= dings. „Die Seele wird in Christi Hände gelegt. Er wird allein für alle Resultate verantwortlich gemacht. Unsere Ver= antwortlichkeit hat ein Ende, sobald wir in ihm zu bleiben anfangen." (S. 165.) Diese Aufhebung jeder Verantwort= lichkeit, diese Theorie einer stets siegesgewissen Heiligung führt leicht zur Sicherheit. Nicht die Unbekehrten, sondern gerade die Jünger werden ermahnt, zu wachen und zu beten. Darin bestand die Klugheit jener Jungfrauen, daß sie wachten. Wohl wird uns Smith sagen, wir wollten „die Gewissen ertödten durch Theorieen über das Gezwungensein zu sündigen in diesem Leben." (Des Lebens großer Schmerz, S. 6.) Niemand wird gezwungen zu sündigen. Aber erfahrungs= gemäß sündigen Alle noch, auch die wiedergeborenen Christen. Je weiter Einer kommt, desto zartfühlender wird sein Ge= wissen, desto mächtiger in ihm die Kraft Christi, welche die Versuchung zurücktreibt. Wir wollen die Gewissen nicht ab= stumpfen, sondern immer schärfer und zarter ausbilden durch die in der Rechtfertigung gefundene Gottesgemeinschaft, durch den Blick auf die täglich uns nöthige und täglich dargebotene unverdiente Gnade. Gerade durch sie entsteht jene Kindes= gesinnung: „Wie sollte ich ein so großes Uebel thun und wider Gott sündigen? wider den Gott, dessen vergebende Gnade mich täglich umfängt, dessen überwältigende Liebe mich zum Sohne zieht?" Wohl ist es nur die Gnade, die uns umfangen muß. Aber gerade unter ihrer züchtigenden, er= ziehenden Hand sollen wir unsererseits nun lernen zu ver= leugnen das ungöttliche Wesen und die weltlichen Lüste, so= weit wir die Kraft Christi in uns aufnehmen. Das ist schrift= und erfahrungsgemäß. Darum fühlen wir uns nicht getroffen, wenn Smith bedauernd ruft: „Der Herr erbarme sich derer, welche das Werk und die Kraft Christi dadurch entehren, daß sie sagen, beständiges Sündigen sei unvermeid= lich." (Heiligung durch den Glauben, S. 134.) Wir könnten antworten: Der Herr erbarme sich derer, welche das be= ständige Bedürfniß der vergebenden Gnade so verkennen, daß sie sagen, unwandelbare Heiligkeit sei nothwendig. Denn in der That hält Smith das tägliche Kommen mit Bitte um

Vergebung faſt für ein Zweifeln an der einmaligen Ver=
gebung. (Siehe auch Wochenſchrift von Schneider 1875,
Nr. 20.) Aber wir wollen das lieber laſſen und uns zu Paulus
ſtellen und auch auf der höchſten Heiligungsſtufe mit ihm
ſprechen: „Nicht, daß ich es ſchon ergriffen habe, oder ſchon
vollkommen ſei, ich jage ihm aber nach, ob ich es auch er=
greifen möchte, nachdem ich von Chriſto Jeſu ergriffen bin.
Meine Brüder, ich ſchätze mich ſelbſt noch nicht, daß ich es
ergriffen habe.“ Und wurde nicht Paulus bis auf die Höhen
ſeines Gnadenſtandes begleitet von dem tief betrübenden Ge=
fühl, daß er einſt die Gemeinde Gottes verfolgt habe? Aber,
wird Smith ſagen, das betrifft ja die Vergangenheit. Hier
aber handelt es ſich um Gegenwart und Zukunft und da
dürfen wir überhaupt nicht mehr erwarten, jemals wieder
gegen Gott zu ſündigen. „Schon die Erwartung des Sün=
digens wäre das Vorſpiel dazu.“ (Heiligung durch den Glau=
ben, S. 139.) Dieſer Rath iſt gut. Tapfer und recht=
ſchaffen ſtreitet der Krieger nur mit dem Glauben des Sieges
in der Bruſt. Doch kann auch dieſe Siegesgewißheit über=
trieben werden und darf uns nicht davon entbinden, vorſich=
tiglich zu wandeln. Gewiß war es Petrus voller Ernſt und
er war zu jener Stunde „in Chriſto“, als er ſich bereit er=
klärte, für ihn ins Gefängniß und in den Tod zu gehen.
Dennoch zeigte er Menſchenfurcht vor und nach dem erſten
Pfingſten. Wer ſich dünken läſſet, er ſtehe, mag wohl zu=
ſehen, daß er nicht falle. Darum wäre es uns lieb, wenn
Smith neben dem beſtändigen Betonen der Siegesſicherheit
auch die Vorſicht des Wandels hervorheben wollte und das
gerechtfertigte Mißtrauen in Fleiſch und Blut, ob wir auch
beſtändig „in Chriſto“ bleiben würden. Unſerm deutſchen
evangeliſchen Bewußtſein iſt es gar nicht ſchwer, ſondern
auch in dem höchſten Gnadenſtand tiefes Bedürfniß, die in

uns gebliebene Sünde offen zu gestehen und Vergebung für sie zu suchen. So verfaßte unser großer Astronom sich selbst eine Grabschrift, die zwar lateinisch geschrieben, aber echt deutsch empfunden ist und deren sich kein Christ zu schämen brauchte. Sie lautet:

„Non parem Pauli gratiam requiro Veniam Petri neque posco, sed quam In crucis ligno dederas latroni, Sedulus oro."

Das heißt auf Deutsch:

Nicht die Gnade Pauli begehren darf ich, Nicht Verzeihung, wie du sie Petro schenktest, Nur wie du dem Schächer am Kreuze vergabest, Wollst du auch mir thun.

Smith aber fühlt hierin allerdings anders. Als hohes Muster stellt er einen Mann dar, der ihm sagte: „In wenig Tagen wird es 21 Jahre, daß mein Gehorsam in allen Dingen meiner Erkenntniß dem göttlichen Willen entspricht." (Wandel im Licht, S. 67.)

Noch bleibt Einiges zu bemerken über die Art, wie Smith das Verhältniß der Rechtfertigung zur Heiligung auffaßt. Vor einigen Jahren sagten wir in einem Aufsatz über die Böhme'schen Stillen im Lande: „Es zeigt sich, wie die Kirche mit glücklichem Griff die Extreme vermeidet, wenn sie Rechtfertigung und Heiligung in einen immer mehr organischen, inneren Zusammenhang bringt." Dasselbe Bedürfniß empfanden wir bei Pearsall's Schriften und Wirksamkeit. Denn er thut das Gegentheil. Nicht als ob er Einem von Beiden zu nahe treten wollte. Er wird nicht müde, die göttliche Berechtigung Beider zu versichern. Aber er reißt sie auseinander. Lange nach geschehener Rechtfertigung tritt oft erst die rechte Heiligung durch den Glauben ein und Tausende sollen in der Rechtfertigung stecken bleiben, ohne jemals die Heiligung zu finden. „Bekenner des Christenthums sowohl als

Unbekehrte wissen nichts vom Weg zur Heiligkeit." (Hei=
ligung durch den Glauben, S. 47.) Smith selber (ebendas.
S. 8) blieb viele Jahre stehen bei der bloßen Rechtfertigung.
„In meiner Kurzsichtigkeit fürchtete ich das, was ich die
Lehre der Vollkommenheit nannte, mehr, als die Praxis der
Unvollkommenheit." Gerade so ging es seinem Freund, der,
von der Schuld der Sünde befreit, aber erst nach fünf Jahren
auch von der Kraft und Herrschaft der Sünde erlöst wurde
(Jesus, der Befreier von Sünde, S. 14). Hieher gehört
auch die auffallende innere Entwickelung eines Knaben, die
Smith mittheilt. Im Alter von vier Jahren betete er
knieend um ein neues Herz, worauf Jesus alle seine Sünden
wegnahm und ihm ein neues Herz gab. Dennoch war er
in den drei folgenden Jahren noch zuweilen launenhaft, hatte
noch nicht das Geheimniß gelernt, immer artig zu sein.
Dieses erlangte er erst im siebenten Jahr. In Folge einer
Unterredung mit seinem Vater kam er so weit, dem Heiland
das Vertrauen zu schenken, daß er ihn von des Teufels
Macht erlösen wolle. „Sein Gesicht strahlte, alle Schwierig=
keiten waren überwunden, er lernte den Weg des Sieges,
die bösen Launen waren verschwunden" u. s. w. (Glaubens=
weg, S. 36.) Um die Richtigkeit der Heiligungsmethode zu
beweisen, würden wir nicht ein so jugendliches Beispiel ge=
wählt haben. Aber überhaupt ist die Auffassung von dem
Verhältniß der Rechtfertigung zur Heiligung äußerlich, nicht
biblisch, nicht evangelisch. Eine Rechtfertigung, die Jahre
lang dauern kann, ohne wahre Früchte der Heiligung zu
zeitigen, ist keine wahre Rechtfertigung im evangelischen Sinne
gewesen. Kann ich denn von einem Feuer sagen, es habe
schon vor Jahren gebrannt, aber erst heute gewärmt? Nach
Schrift und evangelischer Kirchenlehre sind Rechtfertigung und
Heiligung zwei niemals zu trennende Zwillingsschwestern.

Wer wirklich gerechtfertigt ist und eingesetzt durch Christum in die Kindesstellung zu seinem Gott, hat dadurch zugleich den Trieb zur Heiligung, den Anstoß zu einer ewigen Bewegung empfangen. Wir müssen uns immer wieder darauf besinnen, daß das Werk der Erlösung in dem Christen ein Ganzes ist. Das ist gerade der Weg der Gnade, daß die Sünde vernichtet wird dadurch, daß sie vergeben wird. Will die deutsche Auffassung denn etwa das, was Smith mit Chalmers nennt „die beiden unvereinbaren Gegensätze vereinigen: einen versöhnten Gott und einen beharrlichen Sünder"? (Wandelst du in der Heiligung, S. 12.) Ganz im Gegentheil. Sie gerade sagt: Wo das Erstere wahrhaft ist, da kann unmöglich das Zweite sein. Wer wirklich von der Schuld seiner Sünde frei wird, wird zugleich auch frei von ihrer Macht.. Aber nicht so, daß alle seine Sünde sofort ertödtet sei und er als ein Heiliger da stände. Sondern seine Sünde hat durch seine Rechtfertigung die tödtliche Wunde empfangen, es ist ihr der Todeskeim eingepflanzt worden. Von nun an bewegt sich das innere Leben zwischen den zwei Polen eines geistlichen Sterbens und eines geistlichen Auferstehens. Das ist aber nicht das Werk eines Augenblickes, wenn auch Smith berichtet, daß ein junger Mann schon nach einer Unterredung von 20 Minuten es erfahren habe, was es heißt, den alten Menschen auszuziehen und den neuen Menschen anzuziehen — „das Fleisch schwand dahin, aber der Geist lebte" (S. 154) und wenn auch ein Freund der Bewegung seine gewiß aufrichtig empfundene geistliche Erfahrung dahin ausdrückt: „Jetzt sah ich ein, daß der gerechtfertigte Christ sofortige Heiligung und Erlösung von aller Sündenherrschaft durch den Glauben allein in Christo empfangen kann" (Glaubensweg, S. 39). Unsere theologischen Begriffe können wohl die Erlösung nach ihren verschiedenen

Seiten bezeichnen, sie in ihre einzelnen Momente auseinander=
legen. Aber wenn Smith der üblichen kirchlichen Lehrweise
nicht mit Unrecht vorwirft, daß sie zu sehr die Rechtfertigung
betont und dieselbe von der Heiligung trennt, so macht er
sich des letzteren Fehlers in einem weit größeren Maße
schuldig und zwar so sehr, daß man den Eindruck gewinnt,
er theile die Christen in zwei Klassen. Die Einen sind be=
kehrte, gerechtfertigte Kinder Gottes, die Andern aber sind
durch eine zweite Erweckung und völlige Uebergabe auch noch
geheiligt, sind dadurch erst wahre, biblische Christen. Aller=
dings werden wir nicht aufhören, von den verschiedenen
Seiten der Erlösung zu reden, von Bekehrung, Rechtfertigung,
Wiedergeburt, Heiligung. Das Alles hat seinen guten, bibli=
schen Grund. Aber wir vergessen nicht, daß das Alles nur
verschiedene Seiten sind an dem einen, großen Werk unserer
Erlösung und können nicht zugeben, daß nach einer wahren
Rechtfertigung z. B. eine jahrelange Frist verstreicht, ehe die
Heiligung geschieht. Beide kommen stets zugleich. „Ver=
gebung der Sünden und Rechtfertigung. Kraftvoll kommt
sie geströmt, diese Lebensluft und aus ihrer Vermählung mit
dem Herzblute des gebeugten Sünders wird der Odem einer
heiligen Liebe geboren." (Tholuck, Lehre von der Sünde,
7. Aufl., S. 107.) Wem viel vergeben ist, der liebet viel.
Wer will diese Beiden auseinanderreißen? Im Gegensatz
dazu hält Smith daran fest, daß „bewußte Vergebung und
beständiges Sündigen" (Wandel im Licht, S. 97) beisammen
sein können. Dies ist der Zustand der gewöhnlichen Christen.
Die Christen nach seiner Art aber bedürfen einer scharf ge=
sonderten, zweiten inneren Erfahrung. Diese erweist sich so
glorreich, „daß ihnen gegeben wird, auf dem Wege des Sieges
beständig und unwandelbar vorzudringen". Nur kommt es
„im Anfang hie und da vor, daß sie plötzlich von einem

augenblicklichen Fehltritt, von einer leicht anfechtenden Sünde übereilt werden" (Wandel im Licht, S. 90). Aber ihr Herz unterscheidet sich doch wesentlich von dem Zustand derer, die Nichts haben, als nur die „bewußte Vergebung". „Es unterscheidet sich wie ein Buch mit reinem, weißen Papier, auf dessen ersten Blättern hie und da Spuren von ausradirten Flecken zu sehen sind, von einem Buch, das auf jeder Seite beschmiert ist" (ebendas. S. 98). Smith weiß Nichts davon, daß stets mit der Vergebung zugleich die heiligende Macht in das Herz strömt. Das Kreuz ist Trost und Kraft zugleich und darum Kraft, weil es Trost ist. Wem Viel vergeben ist, der liebet Viel.

Aber Smith will seine Heiligung einseitig auf Grund einer inneren Erfahrung erstürmen, will sie durch eine dadurch hervorgerufene einmalige Uebergabe des Willens gleich vollkommen erlangen. Ihre der stufenweisen Läuterung des Willens zugewendete sittliche Natur, ihre organische, den ganzen Menschen je mehr und mehr durchwirkende Entfaltung, ihre christlich=charakterbildende Kraft tritt ganz zurück. Er kennt nicht das stille, allmähliche Verklärtwerden in das Bild Christi unter viel Kampf mit der immer noch versuchenden Sünde und gibt dazu keine Anleitung. „Wir sollen uns hüten, Etwas in Gefühlsaufregung oder eigenmächtig als einen Raub an uns zu reißen, das uns hernach doch kein fester Trost und Halt ist" (Duisburger Sonntags=blatt hierüber). Nicht ganz mit Unrecht sagte kürzlich eine andere kirchliche Zeitschrift: „Schnell reich, schnell selig", das sei die Losung unserer Zeit. Die Zahl der Heiligungsversammlungen in Deutschland wächst von Woche zu Woche. Wir können nicht ein Mal die größeren alle anführen und über sie berichten, und erwähnen nur die in Bern unter Inspektor Rappard von der Chrischona, in Straßburg durch

Paſtor Haas, in Genf, Freiburg, Baſel. Mit Recht ſagt die „Neue evangeliſche Kirchen-Zeitung“: „Wenn fortgefahren wird, die Predigt von der Heiligung mit Geräuſch als eine neue Entdeckung anzupreiſen, ſo kann das auf Abwege führen und der evangeliſchen Nüchternheit und Geſundheit der Bewegung ſchlimmen Abbruch thun“ (1875, Nr. 13). Wie groß die Bewegung ſchon iſt, ſehen wir daraus, daß nicht nur kirchliche Zeitſchriften Extrablätter über die Erſcheinung herausgeben, ſondern auch die Freunde derſelben zur Förderung des Werkes eine beſondere Zeitſchrift gegründet haben „Der Chriſten Glaubensweg“ (Baſel, Spittler), die ſchon in zweiter Auflage vorliegt. Auch wir ſehen einen Gewinn darin, wenn unſere chriſtlichen Kreiſe auf Nothwendigkeit, Urſprung und Weſen der Heiligung hingewieſen werden. Wir ſehen darin eine heilſame Reaktion gegen eine gewiſſe Einſeitigkeit, die an vielen Orten ſich zeigte, indem man nach dem geweckten, lebhaften Gefühl der tiefſten Sündhaftigkeit bei dem oft ſchwelgenden Bewußtſein der Süßigkeit der Gnade ſtehen blieb, ohne das chriſtliche Leben als einen in Chriſto wurzelnden und auf ihn hinſtrebenden Organismus zu erkennen. Das bloße Gefühl, auch das Gefühl der Begnadigung iſt als ſolches erfahrungsmäßig von Schwankungen nicht frei. Wir bedürfen einer bewußten Hingabe an den Herrn, einer ſtetig wachſenden Heiligung. Auf dieſem Wege gibt es kein Stilleſtehen, es geht voran oder zurück. Der Glaubensweg verſichert uns nun immerfort, daß ſeine Lehre die alte, echte evangeliſche, reformatoriſche ſei. Wir können das in vielen Stücken zugeben. Aber die Schnelligkeit dieſer Heiligungsmethode iſt entſchieden neu. Im Uebrigen finden wir bei Smith vielfach ſolche Wahrheiten, wie ſie nicht nur dem bekannt ſind, der mit der bibliſchen Theologie irgend vertraut iſt, ſondern auch von jeder geſunden, evangeliſchen

5*

Frömmigkeit längst geübt werden. Wir würden uns freuen, wenn seine Thätigkeit sich bloß dahin erstrecken wollte, christliche Gemüther aus einem unbefriedigenden Schwanken dem Gewurzeltsein in Christo und einer gesunden, organisch wachsenden, evangelischen Heiligung näher zu bringen. Aber aufmerksam ist doch darauf zu achten, daß seine Lehre in ihren praktischen Resultaten bei der Menge nicht nach dieser Seite überwiege und dem einzigen Materialprincip des Protestantismus, dem sola fide, seinem Fundament, zu nahe trete oder die katholisirende Lehre völliger Heiligkeit hervorrufe. Daß diese Gefahr nicht so gar ferne liegt, zeigt schon die für nothwendig erachtete Abwehr Smith's gegen derartige Mißverständnisse. Von der Beschaffenheit seiner schriftmäßigen Heiligkeit bis zu einer unevangelischen, übertriebenen völligen Heiligung ist nur ein ganz kleiner Schritt.

Nach dem Niederschreiben dieser Gedanken sah ich, daß auch D. Fabri neben aufrichtiger Anerkennung des Segens der Oxforder Bewegung in seinem Neujahrswort ernstlich auf die Gefahren derselben hinweist. Er besorgt auf der einen Seite Selbstgerechtigkeit (katholisch und rationalistisch) und auf der anderen Seite den Gedanken sündloser Vollkommenheit (mystisch). Ferner warnt er vor einem mechanischen Verpflanzen der Bewegung durch die Presse. „Denn wie es einen Methodismus der Bekehrung gibt, so könnte eine solche Bewegung auch in einen Methodismus der Heiligung umschlagen, der noch größere Gefahren hätte, als jener." Inzwischen ist nun Smith auch im Wupperthal aufgetreten, und besonders gerühmt wird die Pastoralconferenz im Missionshaus, wo Smith 2½ Stunden mit Wärme und Kraft redete, so daß jede Discussion unterblieb. Das Resultat seines ganzen dortigen Auftretens war dieses: „Manche blieben kalt, viele bekannten reichen Segen, manche wurden enthusiasmirt." Auch D. Fabri hat sich nun nicht verschlossen vor dem überaus gewinnenden Eindruck, den Pearsall's christliche Persönlichkeit durch Liebe und Demuth auf jeden macht, der ihm begegnet. Aber er hält fest an seinen sachlichen Bedenken, die sich besonders richten auf die Einseitigkeit des Lehrvortrags, auf den Mangel an theologisch-biblischer Begründung und auf das methodistisch Treiberische der ganzen Bewegung (N. evang. K.-Ztg., Nr. 23). Wir dürfen auf eine nähere Darlegung dieser Bedenken aus seiner Feder hoffen, die von milder und kundiger Hand geführt wird. Auch wir theilen seinen Wunsch, daß das Fremd-artige und Ungesunde fern gehalten und der Segen behalten werde. Bei allen Einsichtigen wird das der Fall sein. Wenn aber durch Smith's demnächstigen Aufenthalt in Deutschland die durch ihn hervorgerufene Bewegung in demselben Maße fortschreitet wie bisher, so wird sie eine ganz gewaltige werden. Sie wird dann in ihrem Strom viele einfache Christen in religiöser Begeisterung mit dahin reißen, deren frommes Gemüth zu einer ruhigen, biblischen Prüfung weder geneigt, noch geschickt ist. Allein das ist Ursache genug, auf ihr Wesen schon jetzt ein freundliches, aber sorgsam prüfendes Auge zu richten.

Vielleicht ist es aus dem bisher Gesagten schon hie und da hervorgetreten, daß die Oxforder Bewegung dem Metho-dismus im Allgemeinen nicht ferne steht. Aber unsere Be-hauptung, daß ein wesentlicher Zusammenhang, wenn auch unbewußt, zwischen ihr und dem Methodismus stattfindet, bedarf noch einer genauen Begründung. Wir müssen dabei sowohl auf den Lehrinhalt als die Lehrform achten. Auf die Frage: „Wie entstand der Methodismus?" gibt Wesley auf der Conferenz 1765 folgende Antwort: „1729 lasen mein Bruder und ich die Bibel; wir fanden, daß sie Heiligkeit inwendig und auswendig fordere; wir jagten derselben nach und ermunterten andere, es auch zu thun. 1737 sahen wir, daß diese Heiligkeit durch den Glauben komme; 1738 erkannten wir, daß wir gerechtfertigt sein müßten, ehe wir geheiligt werden könnten. Aber Heiligkeit war noch unser Ziel, Heiligkeit nach innen und nach außen und Gott trieb uns an, ein heiliges Volk zu sammeln." Luther und Wesley lehren beide die evangelische Rechtfertigung und Heiligung. Aber offenbar beginnt das neue Leben bei Luther mit der vergebenden Gnade, bei Wesley mit der züchtigenden. Die Kirchen der deutschen und der wesley'schen Reformation tragen den Geist ihrer Stifter. Eine kann von der andern lernen, aber keine soll darauf bedacht sein, die andere zu sich zu ziehen. Bekanntlich haben sich schon Zinzendorf und Wesley entzweit über das Verhältniß von Rechtfertigung und Hei= ligung. Letzterer hatte Gemeinschaft mit den mährischen Brüdern in London, sah aber später bei ihnen antinomistische und quietistische Neigungen und schrieb darüber am 8. August 1740 nach Herrnhut. Im Frühjahr 1741 kam Spangen= berg nach London, um zu vermitteln. Es bezieht sich auf Wesley, wenn er damals schreibt: "Wenn andere von ihrer Vollkommenheit predigen, so rühmen wir uns unseres Elends und unserer Schwachheit und daß ein Lamm für uns geschlachtet ist." Nach seiner Darstellung ist der vornehmste Differenzpunkt zwischen Methodisten und Brüdergemeinde die Lehre Wesley's von der „sündlosen Vollkommenheit" (Leben des Grafen von Zinzendorf, Th. IV, S. 1046 ff.). Das uns aufbewahrte Gespräch Zinzendorf's und Wesley's am 3. September 1741 in London machte die Trennung voll= ständig. Allerdings waren wohl auch die Vertreter der Brüdergemeinde in dieser Sache von Einseitigkeit nicht frei (Dr. K. H. Sack, Zeitschr. für histor. Theol. 1864,

2. Heft). Zwanzig Jahre vergingen seitdem, als die Me=
thodistenkirche eine gewaltige Erweckung erfuhr. Es ist die
einzige seit der Reformation, die mit der heutigen Oxforder
Bewegung eine täuschende Aehnlichkeit hat. Hören wir, was
John Wesley Ende 1763 darüber schreibt: „In dieser
Zeit hat sich das besondere Werk gezeigt, welches der Apostel
Paulus ‚Vollkommenheit‘ nennt. Viele Personen, sowohl
in England, als in Irland machen die Erfahrung von einer
so tiefen und gründlichen Veränderung des Herzens, wie sie
nie eine zu hoffen wagten. Nachdem sie von ihrer inne=
wohnenden Sünde tief überzeugt worden waren, wurden sie
unmittelbar hernach so voll Glaubens und Liebe, daß die
Sünde verschwand und sie von der Zeit weder Stolz, noch
Zorn oder Unglauben in ihren Herzen fanden. Sie konnten
ohne Unterlaß beten, allezeit fröhlich und in allen Dingen
dankbar sein. Wir mögen nun dieses Werk Zerstörung oder
Aufhebung der Sünde nennen, so bleibt es immer ein solch
herrliches Werk Gottes, daß, wenn wir seine Tiefe und
Gründlichkeit betrachten, wir bekennen müssen, daß wir es
nie zuvor in diesem Königreich gesehen haben." Und was
war das Resultat dieser außerordentlichen Bewegung, die in
Smith jetzt wiederkehrt? „Die Zahl der Glieder der ver=
schiedenen methodistischen Gemeinschaften wurde plötzlich und
außerordentlich vermehrt" (Jacoby, Gesch. des Method.
1870 I, S. 136). Sollte Smith's Werk nach Ablaufen
der ersten Begeisterungswogen auf die Dauer denselben Er=
folg haben? Eine Vergleichung seiner Schriften mit denen
von Wesley bestätigt uns ihre wesentliche Uebereinstimmung
(das. Th. II, Kap. 14, S. 390). Nur ein paar Sätze
will ich aus Wesley anführen und fragen: Wird uns dabei
nicht gerade so zu Muthe, als ob wir Smith selber reden
hörten?

1) „Warum kann der Allmächtige die Seele nicht heiligen, so lange sie im Körper ist? Kann er dich nicht heiligen, während du in diesem Hause bist, so gut als in der freien Luft? Kann die Wand von Holz und Steinen ihn hindern? Gewiß nicht. Ebenso wenig kann die Wand von Fleisch und Blut ihn einen Augenblick hindern, dich durch und durch zu heiligen. Er kann dich eben so leicht im Leibe, als außer dem Leibe von aller Sünde befreien." (Man beachte diese Auffassung von Leib und Seele.)

2) „Eine augenblickliche und beständige Frucht von dem Glauben, durch welchen wir aus Gott geboren sind, eine Frucht, welche auf keine Weise auch nur eine Stunde lang davon getrennt sein kann, ist die Macht über die Sünde, — Macht über jede ausbrechende Sünde, über jedes böse Wort und Werk."

3) „Wir haben auf gänzliche Heiligung zu warten, auf eine völlige Erlösung von aller Sünde, oder, wie es der Apostel nennt, ‚zur Vollkommenheit zu fahren‘. Vollkommenheit aber bedeutet vollkommene Liebe."

4) „Zu der Zuversicht, daß Gott vermögend und willig ist, uns gerade jetzt zu heiligen, muß nothwendigerweise noch Etwas hinzukommen, nämlich: eine von Gott gewirkte Zuversicht und Ueberzeugung, daß Er es thut. Dann erst wird es gethan. Gott spricht zu der Seele: ‚Dir geschehe nach deinem Glauben.‘ (Vergl. Hannah Smith, Glaubensweg, S. 49 u. 67.) Alsdann ist die Seele rein von jedem Flecken der Sünde; sie ist rein von aller Ungerechtigkeit. Es ist ungemein wünschenswerth, daß es augenblicklich geschehe; daß der Herr die Sünde vertilge ‚durch den Geist seines Mundes‘. Und so thut er es gewöhnlich; es ist eine ausgemachte Thatsache, von welcher Zeugnisse genug vorhanden sind, um jeden vorurtheilsfreien

Menschen zu überzeugen. Erwarte daher dieses Werk jeden Augenblick" u. s. w.

Ein gleicher Ton klingt durch das methodistische Kirchen=lied hindurch. Das uns vorliegende Gesangbuch (A colection of hymns for the use of the people called Methodists, by the Rev. John Wesley M. A.) enthält wirkliche Perlen religiöser Poesie, wenn auch unter den 769 Nummern manches Mittelmäßige ist. Grade weil die „Voll=kommenheit, völlige Heiligung oder vollkommene Liebe" von Anfang an zu den Lehren gehörte, die dem Methodismus sein spezifisches, religiöses Gepräge gaben, finden wir ihren Wiederhall im Kirchenlied. Daher der flehende Ruf:

> „Forgive, and make my nature whole,
> My inbred malady remove,
> To perfect health restore my soul,
> To perfect holiness and love."

> (Vergib und mache meine Natur gesund,
> Nimm weg meine inwendige Krankheit,
> Zu völliger Gesundheit erneure meine Seele,
> Zu vollkommener Heiligkeit und Liebe.)

Der Sprachkundige vergleiche ferner die Lieder unter der Rubrik: Trachten nach völliger Erlösung (Seeking for full Redemption). Da finden wir alle die bezeichnenden Ausdrücke wieder, z. B. the law of liberty from sin, the perfect law of love (340); perfected in love, throughly purify (375); restored to our unsinning state and perfect us in love (389); now let me gain perfection's height, now let me into nothing fall (393); o find the per-fect holiness, the righteousness divine (402); what is our calling's glorious hope, but inward holiness? (405) u. s. w. Innig, aber von derselben Anschauung durchdrungen, klingen folgende Verse:

„From all iniquity, from all,
  He shall my soul redeem;
In Jesus I believe and shall
  Believe myself to him.

When Jesus makes my heart his home,
  My sin shall all depart;
And, lo! he saith: „I quickly come,
  To fill and rule thy heart"!

Be it according to thy word!
  Redeem me from all sin:
My heart would now receive thee, Lord;
  Come in, my Lord, come in!"

Das häufige Betonen der besonderen Vorzüge, die eine evangelisch-christliche Gemeinschaft oder Kirche vor den andern hat, ist ein unfruchtbares Ding. Jede bewahre die ihr verliehenen, besonderen Gaben, lasse sie sich auswirken zur vollen Entfaltung und halte mit den Brüdern die Einigkeit im Geiste, ohne deren etwas anders geartete christliche Erfahrung gleich als eine niedrigere Stufe zu betrachten. Wir geben dem Methodismus seine Anerkennung. Hat er sich doch nicht nur durch seine großartigen Erfolge, sondern auch durch wahre und tiefe Frömmigkeit vieler seiner Glieder als berechtigt legitimirt. Soll aber ein Mal ein Vergleich gezogen werden zwischen deutscher und englischer Reformation, zwischen Luther (Calvin, Zwingli, Spener, Zinzendorf) auf der einen und Wesley auf der andern Seite, so erkennen wir bei uns in demselben Grade ein gewisses Vorwiegen der Rechtfertigung, wie bei Wesley deutlich die Heiligung hervortritt. Das Richtige ist offenbar da, wo beide zu ihrem vollen Rechte kommen und die Rechtfertigung in der Heiligung ihre göttliche, treibende Kraft entfaltet und bewährt. Aber sehen wir uns das deutsche Christenthum doch einmal an im Vergleich zu dem methodistischen. Können

wir denn mit Wahrheit sagen, daß es die Heiligung so sehr
vernachläſſigt habe, daß ſein Mangel an Früchten des
Glaubens und der Liebe es in der Stufenreihe des göttlichen
Reiches jedenfalls unter den Methodismus ſtelle? Smith
hegt allerdings dieſe Meinung. Dankbar erkennt er an,
daß ſein angelſächſiſcher Volksſtamm dem deutſchen die
Grundlage der Rechtfertigung durch den Glauben verdanke.
Aber dieſen Dank glaubt er am Beſten dadurch auszuſprechen,
daß er Deutſchland auf ein „höheres Niveau" des Glaubens
hinweiſt. (Reden; Barmen, bei Hugo Klein, S. 21). „Viele
haben nur die Rechtfertigung durch den Glauben, aber ſie
wollen nicht die reiche Erbſchaft antreten, die ihnen dadurch
zugefallen iſt" (S. 63). Es iſt nicht gut, ſo gering von
der Rechtfertigung zu reden. Sie iſt uns an ſich ſelbſt die
reichſte Erbſchaft und das weſentlich darum, weil ſie den
geſunden Keim und Lebenstrieb der Heiligung in uns pflanzt.
Mit einem einzigen Entſchluß, der etwa in einer beſtimmten
Formel ſeinen wiederholten Ausdruck findet, iſt dieſe aller=
dings noch nicht vollendet. „Jeſus errettet mich jetzt" — dieſes
erſte Wort, das Smith in deutſcher Zunge ſprechen gelernt
hat, ſoll den beſtändigen Sieg über die Sünde leicht machen.
Er wird nicht müde, es ſelbſt zu wiederholen, zum Gebrauch
zu empfehlen und im Chor von den Zuhörern aus=
ſprechen zu laſſen. Er legt auf dieſes ſchöne Wort als
Formel zu großes Gewicht. Das wirkliche Abſterben der
Sünde und geheiligte Handeln iſt nicht mit ihr identiſch,
noch ſtets unmittelbar mit ihr gegeben. Dieſes kurze Wort
iſt der prägnante Ausdruck der Oxforder Auffaſſung von
dem ein Mal im Großen errungenen und in den einzelnen
Verſuchen des Lebens ſtets bewährten Seelenfrieden und Sieg
über die Sünde. Ein hervorragender Theologe der weſt=
lichen Provinzen findet bei Smith die praktiſchen Handgriffe

des amerikanischen Fabrikanten wieder. Vielleicht rechnet er dazu auch solche Formulirungen. Es gibt ja für solche große Versammlungen und Veranstaltungen religiösen Charakters ein praktisches Verfahren, ein savoir faire, darin wir Deutsche nicht geübt sind, das uns bei den Engländern und Amerikanern in überraschendem Grade und für den ersten Eindruck imponirend entgegentritt. Smith besitzt dasselbe in hervorragendem Maße. Das zeigt sich zunächst in dem wohlgeordneten Plan, nach dem die Versammlungen in Bezug auf die Stufenreihe der inneren Empfindungen eingerichtet sind, um das bekannte religöse Resultat zu erzielen. Smith selbst sagt darüber: „Die Versammlungen dieser Art haben nicht etwa ein unbestimmtes Ziel und eine unbestimmte Absicht, sondern es sind Versammlungen, die ein ganz bestimmtes Ziel ins Auge fassen, die einen bestimmten Anfang, Mittelpunkt und Ende haben. Diese zehn Tage zusammengefaßt sind gerade wie eine Predigt, die sie halten, bei der sie im ersten Theil die Grundlage feststellen und dann im zweiten Theil aufbauen und im dritten Theil den Schluß daraus ziehen." (Reden; Barmen, bei H. Klein, S. 225.) Zuerst wird eine ernste Selbstprüfung vorgenommen und jeder Rückhalt, Hinterhalt im Herzen aufgedeckt, der dem Herrn noch nicht zur Heiligung übergeben ist. So ging ein hervorragender englischer Geistlicher schon nach der ersten Versammlung in Oxford in Thränen über die Straße und viele „klagen und weinen in den ersten Tagen Stunden, ja Nächte lang über das, was Gott ihnen aufgedeckt von Sünde". Das zweite bei den Versammlungen ist der Sturmlauf gegen den Unglauben, die Wurzel der Sünde und des halben, schwächlichen Christenthums. Die Verheißungen des himmlischen Vaters sollen nicht nachdenklich betrachtet, sondern zuversichtlich ergriffen werden. Dadurch werden sie unser. „Mit der ganzen

Macht des gesprochenen Wortes und mit der ganzen Macht des heiligen Geistes bringen wir das Wort vor die Christen hin und drängen es ihnen auf und bringen sie dahin, daß sie diesem Wort Glauben und völligen Glauben beimessen" (daf. S. 231). Hierzu kommt dann drittens die positive Seite, die Heiligung. Diese Hingabe an den Herrn ist eine so charakteristische Handlung, daß sie ein für alle Mal geschehen ist und nie in demselben Sinne wiederholt werden soll (daf. S. 232). Smith selbst erinnert sich nicht, daß er sich jemals seinem Gott wieder hingegeben habe als lebendiges Opfer, nachdem er es einmal gethan habe (S. 140). Er ruft aus: „O mögest du, Kind Gottes, noch in der Ewigkeit zurückblicken auf diesen Nachmittag und diese Versammlung, wo du das Alles, was bisher deine Gemeinschaft mit Gott unterbrochen hat, von dir abgethan hast, das Schlimmste und auch das Letzte." (S. 111.) „Hunderte sehe ich hier. Ich habe den Herrn um hundert Seelen gebeten heute Nachmittag. Sind nicht hundert Seelen da, denen ich die Liebe, die Barmherzigkeit meines Jesus zeigen könnte?" (S. 163.) So sollen also die Theilnehmer sofort sich selbst, ihre Leiber mit allen Gaben und Talenten, mit Allem, was sie sind und haben, als lebendiges Opfer auf den Altar legen, welcher Christus ist. Dies ist die „vollkommene Uebergabe". Mit ihr ist das Ziel des Meetings erreicht, das die völlige Seelenruhe, den Sabbath der Seele mit sich bringt. Smith faßt den Verlauf noch ein Mal kurz so zusammen:

1) Die bestimmte Handlung des Ablegens der uns bekannt gewordenen Sünde.

2) Der bestimmte Abschluß mit dem Unglauben.

3) Die positive Seite, die Bestimmtheit der völligen Hingabe an Gott. Innerhalb dieses großen Grundrisses des Zehntagewerkes finden nun die einzelnen Versammlungen

statt, deren in Brighton an einem Tage schon dreißig gehalten wurden, z. B. Gebet= und Dankmeetings, Morgen= und Abendmeetings, Männer= und Frauen=, Inquirer= und Pastorenmeetings, Bibel= und freie Conferenzen, Begrüßungs= und Abschiedsversammlungen.

Das Geschick, welches Smith durch die systematische Einrichtung und Reihenfolge der geistlichen Einwirkungen an den Tag gelegt, dieses practical proceeding, zeigt er nun auch in den äußeren Dingen in gleichem Maße. In dem berühmten englischen Seebad Brighton, von England wie vom Continent bequem zu erreichen, hatte er einen äußerst günstig gelegenen Platz für das letzte Meeting gewählt, das er selbst für das wichtigste erklärte. Er hatte mit den Gasthofbesitzern und Eisenbahndirektionen praktische Verabredungen getroffen, der Pavillon, die Stadthalle, die Kornbörse waren ihm kostenfrei bewilligt und der große Dom bot ausgiebigen Raum für solche Versammlungen. Die zweihundert Geistlichen, welche vom Continent herbeigeeilt waren, erhielten nicht nur freie Reisekosten und Logis, sondern auch den Ehrensitz in den vordersten Reihen der Plätze. Von ihnen erhob Pastor Prochnow laute Klagen über den Unglauben Deutschlands und die Unkirchlichkeit Berlins. „Wir finden es weder patriotisch, anstatt des Kämmerleins und der Sakristei eine englische Versammlung zum Beichtstuhl der deutschen Sünden zu machen, noch auch christlich weise, vor Engländern die Zustände der angelsächsischen Länder übermäßig zu rühmen." „Wir können es nicht gut heißen, daß man England zum Generalbeichtiger der ganzen Welt macht und daß England diese Rolle annimmt. Deutschland hat noch heute, auch in religiöser Beziehung, seine Gnadengaben, Tiefe und Gründlichkeit, Klarheit und Wahrheit. Lassen wir uns diese Gaben weder in Oxford, noch

in Brighton entreißen." (N. evang. K.-Ztg., Nr. 29.)
Auch Professor Christlieb hält dafür, daß die Bewegung nach
und nach Formen annehmen müsse, „die mehr oder weniger
unserm ganzen deutschen Christenthum innerlich angemessener
und entsprechender sind" (Reden, Barmen, S. 88). Wenn mir
eine würtembergische Methodistin bestimmt versicherte, Smith
habe ihnen erklärt, wenn er überhaupt einer einzelnen Kirche bei-
träte, würde er Methodist werden, so zeigt das zum Mindesten,
daß die Methodisten ihn sachlich zu den Ihrigen zählen.

Neben Smith traten in Brighton schon andere Persönlichkeiten in den Vordergrund. Zunächst seine Gattin mit
ihrer kühnen und männlichen Empfindung, Rede und Gesti-
kulation. Aber auch sie wurde in den Schatten gestellt durch
Th. Monod und Henry Varley, obschon ihre äußerst kühne
allegorische Deutung des alten Testaments ebenso frappant,
als unberechtigt ist. Innerhalb der Bewegung geht sie
darin wohl am weitesten. Der Methodist Moody betete in
Massenversammlungen von 8000 Mann für Brighton und
gab dorthin Nachricht darüber, in wiederholten Telegrammen.
„Die wesentliche Heiligkeit der Kinder Gottes, die Zauber-
gewalt des Glaubens, die Methode der Bekehrung trat stark
hervor." (N. evang. K.-Ztg.) Smith erzählte, daß sein
Freund Boardmann seit 30 Jahren nie den Sabbath seiner
Seele gebrochen habe, und ein alter Geistlicher trat auf
und erklärte, er lebe seit 35 Jahren rein wie Jesus.
Trotz solcher recht schlimmen Ausschreitungen wollen wir
aber nicht die schönen Züge echten Christenthums übersehen,
die uns auch in Brighton entgegentreten, die geistliche Ein-
müthigkeit zwischen Deutschen und Franzosen, Lutheranern
und Methodisten, die Einkehr in das Innere, die kräftigen
Gebete, den feurigen Glauben, die tiefgreifende Heiligung.

Tritt uns nach dem oben Gesagten die Thatsache entgegen, daß Smith und Wesley in der Lehre wesentlich harmoniren, so bleibt der Nachweis zu führen, daß noch augenblicklich die Methodisten in demselben Sinne lehren und wirken. Die Lehre und Kirchenordnung der bischöflichen Methodistenkirche (Kap. 3, 12) sagt: „Welches ist der wirksamste Weg, Christum zu predigen? .... Lasset uns kräftig und bestimmt äußere und innere Heiligkeit in allen Stücken aufdringen." In der Kirchenordnung der Evangelischen Gemeinschaft heißt es: „Wir sind darin einstimmig, daß wir alle gänzlich von aller Sünde erlöst werden können — versteht sich von allen bösen Neigungen und Begierden." Dem gemäß bezeichnet Jacoby mit Recht als unterscheidendes methodistisches Dogma die Lehre von der christlichen Vollkommenheit (Handbuch des Method., S. 239) und sagt später: „Mein Glaube steht fest, daß der Herr den Methodismus gebrauchen wird, evangelische Heiligkeit in Deutschland verbreiten zu helfen" (Geschichte des Method. II, S. 260). Die methodistischen Albrechtsleute freuen sich, daß Smith die Reinigung von aller bewußten Befleckung des Fleisches und Geistes „ebenso positiv verlangt, als die wesleyanische Lehre". Die Ausdrücke für diese Sache sind auch bei den Methodisten verschieden. Sie wechseln zwischen: völlige Hingabe, Uebergabe, volles Heil, gänzliche Heiligung, völlige Liebe, Vollkommenheit, volle Erlösung, oder auch: Ich habe nun einen ganzen Heiland, oder: Ich habe den zweiten Segen erlangt. (Siehe auch Evangelist 1875, S. 157.) Aehnlich drückt sich auch Smith zuweilen, aus z. B. christliche Vollkommenheit, völlige Heiligung (Heiligung durch den Glauben, S. 57 u. 163). Aber im Ganzen vermeidet er sorgfältig die methodistischen Ausdrücke, und zwar meinen die Methodisten, er thue das deßhalb, „weil dieselben Anlaß zu Mißverständniß geben könnten" (Evangelist 1875, S. 166). Statt deſſen nennt er den Zuſtand eines durch den Glauben Geheiligten „völlige Ruhe des Glaubens, zweite Ruhe, Sabbath der Seele, ein Leben des beſtändigen Sieges über die Sünde, Reinheit des Herzens, Bleiben in Chriſto, Befreiung von der Sünde, Chriſti Geſtaltung in uns, Wandel im Geiſt und auch vollkommene Erlöſung, völlige Liebe, Vollkommenheit der Heiligung" u. ſ. w. Der Ausdruck iſt leiſe geändert, der Sinn iſt im Ganzen geblieben. Deßhalb ſchreibt der Berichterſtatter der biſchöflichen Methodiſten aus Baſel: „Einen weſentlichen Unterſchied zwiſchen dem, was Wesley lehrte und zwiſchen ihm konnten wir nicht entdecken. Der Schreiber dieſer Zeilen kann nur Gott loben und preiſen für den Segen, den er in Baſel durch dieſen lieben Bruder erhielt." (Evangelist, S. 165.) Ebenſo berichtet ein Albrechtsbruder über eine Oxforder Verſammlung in Straßburg, die von Rappard, Haas, Stockmeier u. A. geleitet wurde, Folgendes: „Ausdrücke, wie Heiligung, Heiligkeit, chriſtliche Vollkommenheit u. ſ. w., wie ſie in der Schrift zu leſen ſind und bei uns gebraucht werden, wurden hier ſelten oder nicht gehört. Deſſen ungeachtet wurde aber dasſelbe Ziel verfolgt und wie auch die gewöhnliche Bezeichnung lautete, das volle Heil in Chriſto, die Erlöſung von aller Sünde und der Sieg über die Sünde klar geprebigt." (Chriſtl. Botſch. 1875, S. 130.) Der Methodiſt Dr. Sulzberger ſchreibt über die Verſammlungen des „auserwählten Werkzeuges in der Hand Gottes" in Frankfurt a/M. u. A. Folgendes: „Was noch nie zuvor geſchehen, hörte man in dieſen Tagen, daß ein Laienprediger in der Kirche ſo klar und beſtimmt das gegenwärtige volle Heil in Chriſto verkündigte, eine Lehre, welche ſo lange mißverſtanden und ſogar von Vielen als eine Häreſie bezeichnet wurde." (Evangelist, S. 163.) Die biſchöflichen Methodiſten rechnen

Jüngſt, Amerik. Methodism.   6

Smiths Werk überhaupt ganz zur methodistischen Heiligungs=
bewegung (Evangelist, S. 147) und laden ihn zu Vorträgen
nach Bremen ein. Seine Lehre ist es ja, die nicht nur dem
Methodismus von je her eignet, sondern besonders in letzter
Zeit von ihm betont wird (National campmeeting Association), welche auch die Albrechtsleute in den Mittelpunkt
stellen und energisch treiben. Wir verweisen auf ihre Aus=
sagen. „Unsere Kirche und die uns verwandten Gemein=
schaften sind vom Herrn in seiner göttlichen Vorsehung be=
sonders dazu bestimmt, die in äußere Formalität und Sünden
gesunkene Christenheit neu zu beleben und Heiligkeit über
die Welt zu verbreiten" (Christl. Botsch., S. 25.) Das „Evan=
gelische Magazin" zeigt, wie groß die Heiligungsbewegung in
seinen Kreisen ist. Es bringt schon 1870—71 über vier=
zehn größere und kleinere Abhandlungen über die völlige Hei=
ligung ganz im Sinne von Smith. Mit Recht sehen die
Albrechtsleute und mit ihnen alle anderen Methodisten in der
Oxforder Bewegung gerade diejenige Lehre erscheinen, welche
von Anfang an zum Wesen des Methodismus gehört hat.
Sie constatiren, daß ihre und andere methodistische Prediger
genau dieselbe Lehre von der Heiligung schon seit Jahren
auch in Deutschland einschärfen und zwar unter vielem Wider=
spruch. Sie hoffen, jetzt bei den Freunden der Oxforder
Bewegung auch für sich Anerkennung zu finden und können
nicht recht erkennen, weßhalb bei P. Smith dasjenige gebilligt
wird, was man von ihren Predigern nicht lernen wollte.
(Christl. Botsch.; S. 10.) Doch erklären sie sich Letzteres
aus einer ungerechtfertigten Abneigung vieler deutschen Christen
gegen den Namen Methodismus, sowie daraus, daß der
Presbyterianer Smith keine Gemeinden organisirt.
(Christl. Botsch., S. 84.) Schon sehen sie sich veranlaßt,
den im Glauben mit ihnen verbundenen Pearsall heftig in

Schutz zu nehmen gegen ruhig prüfende, deutsche Beurthei=
lung. Von D. Fabri, der seine Bedenken doch liebevoll
geäußert hat, schreiben sie: „Das ist der alte, pharisäische
Geist, der dem Heiland beständig Vorwürfe machte, weil er
sich in seinem Wirken so wenig um herkömmliche Vorschriften
kümmerte." „Die gläubigen Gottesmänner lassen sich aber
durch diese Dinge nicht irre machen, sondern arbeiten im
Namen Gottes fort." (Christl. Botsch., S. 132.) Wenn
ferner die „Neue evangelische Kirchen = Zeitung" in Smiths
Heiligungslehre mit vollem Recht eine Unterschätzung der
Macht der Sünde sieht, so antworten die Albrechtsbrüder
mit dem Vorwurf einer Unterschätzung des Verdienstes Christi
(S. 149). Hieher gehört auch die Antikritik gegen Luthardt
(S. 156). Sie nehmen Aufsätze von Smith in ihre Presse
auf, sie drucken ganze Abhandlungen ab aus dem in Basel
erscheinenden Glaubensweg (Christl. Botsch., Nr. 15 ff.). Sie
freuen sich und betrachten es als ein Zeichen der Zeit, daß
in Basel (4.—11. April) Prediger der Albrechtsleute, der
anderen Methodisten, der freien und der Staats=Kirche eine
Versammlung mit einander ausschreiben und halten, um sich
„dem Herrn zu heiligen" (Christl. Botsch., S. 116). Sie
sind der Meinnng, daß das Pfingsten der Völker naht, das
herannahende Pfingstgewitter mächtig rauscht, eine Geistes=
fluth am Kommen ist, weil auch Pearsall Smith aus Berlin
nach Amerika telegraphirt, daß „Gottes Kraft sich mächtig
offenbare" (Christl. Botsch., S. 124). Sie freuen sich der
gewaltigen Erfolge der Laienprediger Varley (Baptist) und
Bliß in Amerika, Moody und Sankey in England, Smith
in Deutschland (S. 125). Wenn Letzterer von Berlin den
macedonischen Ruf vernommen haben will: Komm herüber
(nämlich von Amerika) und hilf uns! so hören sie ihn in
Deutschland von allen Seiten und das Herz lacht ihnen im

6*

Leibe über die herrlichen Berichte aus Preußen, wo Gott ihnen Herzen, Länder, Städte und Dörfer öffnet und wo das Heil nicht von den rabenschwarzen „Jesuwidern" (sic), noch von der todten Staatskirche kommen kann (ebendaf.). Sie schreiben: „O Wunder Gottes! während die deutschen Herren Pfarrer eifrig im Protestiren gegen die von der Evangelischen Gemeinschaft und der Methodistenkirche verbreitete Lehre von der Heiligung begriffen waren, zuckten leuchtende Blitze von Oxford in die Staatskirche herüber und was jetzt! Eine Weile staunen sie und schon halten sie Massenversammlungen und — hören nun das volle Heil" u. s. w. (S. 149.) Sichtlich machen die Methodisten Smiths Sache völlig zu der ihrigen[6]). „Aber", so hält man uns entgegen, „Smith macht nicht ihre Sache zu der seinigen und das ist ein gewaltiger Unterschied. Er steht kirchlich völlig objektiv da. Er ist darin so consequent, daß er in Deutschland nie bei dem Gliede einer bestimmten kirchlichen Gemeinschaft Wohnung nimmt, sondern im Hôtel, um den Anderen keinen Anstoß zu geben, mögen sie nun zu der evangelischen Kirche, zu den freien Gemeinden oder zu den Methodisten gehören." Wir müssen sagen, daß dieses Verfahren günstig gewählt ist, wenn die Bewegung sich eine breite Ausdehnung in alle christlichen Kreise offen halten will. Doch führen wir, ohne jede weitere Bemerkung, bei dieser Gelegenheit eine einfache Thatsache an. Ehe Smith nach Berlin ging, ist er noch ein Mal in Amerika gewesen. Dort besuchte er auch die leitenden Persönlichkeiten der Albrechtsbrüder in Cleveland und ließ sich besonders über den Fortgang der Bewegung in Deutschland unterrichten. (Christl. Botsch. 1875, Nr. 7.) Er erzählte seine Absicht, auf die Bitte hochstehender Geistlichen und Laien noch vor Ostern nach Berlin zu reisen, und sagte unter Anderm: „If the Lord will give the people

of Berlin into my hand, as he did at Oxford — wenn
der Herr die Bewohner von Berlin in meine Hand gibt,
wie er es in Oxford gethan hat" .... verbesserte sich
aber sofort: „doch in der Sache meines Gottes kenne ich
kein wenn mehr, der Herr thut es nach seinem Worte."
Der Botschafter fügt hinzu: „Er glaubt und zweifelt nicht.
Mit merkwürdiger Ruhe, aber ebenso bestimmt und sieges=
gewiß spricht er von noch zu erzielendem Erfolg." Er nahm
auch Rücksprache über die Frage, ob es für sein Wirken in
Europa besser wäre, sich von Predigern verschiedener Con=
fessionen als Evangelist ordiniren zu lassen. Die Albrechts=
leute riethen ihm davon ab, wie sich denken läßt.

Sollen wir noch Einiges von der Oxforder Lehrform
anführen, so müssen wir sagen, daß die Methodisten auch
hier Ursache haben, von ihrem Gesichtspunkt aus mit der=
selben im Ganzen zufrieden zu sein. Während des „Zehn=
tagewerks" in Oxford spielte der ehemalige Londoner Metzger
Henry Varley eine hervorragende Rolle, derselbe, welcher
darnach in einem Kunstreiter=Cirkus in New=York methodistische
Massenversammlungen abhielt. Auch wundert es uns nicht,
daß sich in Smith's Vorträgen in Berlin „Spuren von
Methodismus" zeigten (N. evang. K.=Ztg.). Es war neu
und wirkte auf Viele ergreifend, als er im Wupperthal eine
gedrängt volle Kirche aufforderte, zu knieen und in athem=
loser Stille ohne Worte um das Kommen des Geistes zu
flehen. Er trägt ja zwei Botschaften, die eine für Unbe=
kehrte, die andere für Kinder Gottes. Aber bei beiden be=
tont er stets auf das stärkste die rasche, plötzliche Wendung.
„Jesus errettet mich jetzt!" ruft er im Wupperthal mit
ergreifendem Ausdruck oft nach einander aus und fügt ein
Mal hinzu: „Heute, jetzt, um 7 Uhr 20 Minuten." Ebenso
tritt überall, wo er sich an die Kinder Gottes wendet, die

Mahnnng in den Vordergrund, sich augenblicklich, sofort dem Herrn ganz zu übergeben und sich heiligen zu lassen. Man vergleiche hierzu „Heiligung durch den Glauben", S. 22. 98; „Wandel im Licht", S. 86 u. s. w. In Basel forderte er alle diejenigen auf, sich zu erheben, welche gerade jetzt die Heiligung durch den Glauben gefunden hätten. Es standen mehrere Hunderte auf (Evangelist, S. 166). In Berlin erzählte er, es gehöre zu den schönsten Stunden seines Lebens, als er vor Kurzem in London zum Predigen ausgegangen sei; vor ihm sei ein vornehmer Mann mit einer Glocke hergegangen und habe geläutet, er selber habe ein großes Plakat mit einem Bibelspruch mit mächtigen Lettern vor sich hergetragen und dann über denselben gepredigt. Wenn Mr. Smith darin eine der schönsten Stunden seines Lebens sieht, so sehe ich Nichts, das ihn abhalten könnte, demnächst auch in Elberfeld oder Basel so vorzugehen. Das ist aber ein Verfahren, das unserm deutschen christlichen Gefühl nicht ganz zusagt. Man hat Smith vielfach in Parallele gestellt mit unserm Landsmann Tersteegen. Ich will manche Aehn= lichkeiten nicht verkennen, die ein Mal ruhen in dem Laien= stande Beider und sodann in der Betonung des inneren, geistlichen und geheiligten Lebens. Dennoch enthüllt sich dem tiefer Blickenden eine Verschiedenheit. Wohl kennt auch Tersteegen die absolute Hingabe, das, was er nennt „sich fallen lassen". Aber das Resultat der Erlösung ist bei Beiden verschieden. Ich kann es nicht besser bezeichnen, als mit dem Wort eines alten Freundes von Tersteegen, das ich zu weiterem Nachdenken empfehle. Dieser sagte: „Tersteegen läßt den Menschen in Christus aufgehen, aber Smith läßt Christus in dem Menschen aufgehen." Ueberhaupt trägt Tersteegen's Frömmigkeit deutschen Cha= rakter, jenen Zug des stillen und tiefen Gemüthes. Das

methodistische Treiben und Rennen, die massenhaften Ver=
sammlungen, die amerikanischen Straßenpredigten mit Text=
plakaten, das Bezahlen der Reisegelder an die, welche zum
Meeting wollen — ich glaube nicht, daß Tersteegen solches
Wesen gebilligt oder gar geübt hätte [7]). Wohl sagt man uns,
wir dürften uns durch solche Aeußerlichkeiten nicht stören
lassen, sondern müßten auf die Sache sehen. Aber wir
stehen nun einmal auf dem Boden einer dreihundertjährigen
nicht nur kirchlichen, sondern auch christlichen Entwickelung
und Erfahrung. Nicht gerne verlassen wir diesen Boden,
der von dem Blut und den Thränen unserer Glaubensväter
getränkt ist, der zu unserer nationalen Eigenart paßt. Sollte
das aber geschehen müssen, so möge man es uns wenigstens
nicht verübeln, daß wir den neuen Boden erst sorgfältig
prüfen, ehe wir unsern Fuß darauf setzen. Für jetzt können
wir noch keine besondere Erbauung finden an den Solo=
Vorträgen der Sankey'schen Lieder, die Smith so sehr liebt
und befürwortet. Ganz anders als bei dem raschen Tempo
und sentimentalen Inhalt dieser Solis oder Lieder erzittert
unsere Seele, wenn die vollen Klänge eines deutschen Chorals
das Gebet der Gemeinde emportragen.

Fragen wir Pearsall noch, wie er sich zu unserer evan=
gelischen Kirche stellt, so sagt er uns: „Ich gehöre zu gar
keiner Kirche. Ich will allen Kirchen dienen, will in allen
die Unbußfertigen zur Bekehrung, die Bekehrten zur Heiligung
rufen, will das Band zwischen Gemeindegliedern und Geist=
lichen in den einzelnen Kirchen nicht lösen, sondern stärken,
arbeite nur für Christus und sein Reich und bin weit davon
entfernt, für eine einzelne Denomination zu wirken, und muß
mich darüber wundern, daß man in Deutschland meine völlige
kirchliche Parteilosigkeit nicht gleich verstehen will.“ Wir
haben keine Veranlassung, an der Aufrichtigkeit solcher Ver=

ſicherung zu zweifeln. Auch ſehen wir das Heil der Chri=
ſtenheit nicht in der Ausbildung eines ſchroffen Kirchenthums.
Aber wir halten dafür, daß jede beſonders geartete, geſunde,
lebendige Frömmigkeit auf die Dauer ſich ein kirchliches Ge=
wand wählen oder ſelbſt ein ſolches weben muß, zum Ab=
ſchluß nach außen, zur Kräftigung nach innen. Speners
Geiſt und Frömmigkeit iſt in alle proteſtantiſchen Kirchen
gedrungen und ihnen zu Gute gekommen. Darum blieb er
aber doch, troß orthodoxer Anfeindung, ſeiner lutheriſchen
Anſchauung und Kirche getreu. Auch Zinzendorf mit ſeiner
glühenden Chriſtusliebe, fern von kirchlicher Engherzigkeit,
ſammelte und gründete doch eine lebensfähige und lebensvolle
Gemeinſchaft mit charakteriſtiſchem Gepräge, die noch heute
blüht. Ebenſo Wesley. Entſprechend muß doch wohl auch
eine ſo gewaltige Bewegung auf die Dauer ihren Gang
nehmen, irgend eine gemeinſchaftbildende Kraft offenbaren,
irgend eine Form aus ſich herausſeßen, ſei es auch ohne den
Willen und die Veranlaſſung des Führers. Auch Charles
Wesley blieb bis zu ſeinem Tode (29. März 1788) der
engliſchen Hochkirche Mitglied und beharrte im Gegenſaß zu
ſeinem Bruder John bei der Meinung, daß die kirchliche
Biſchofswürde göttlichen Urſprungs ſei. Dennoch trug er
weſentlich bei zur Ausprägung der methodiſtiſchen Frömmig=
keit in ſelbſtſtändigen Gemeinſchaften und wird von den Me=
thodiſten mit Recht als einer der Stifter ihrer beſonderen
Kirche verehrt, obſchon dieſelbe ſchon zu ſeinen Lebzeiten ſeine
Succeſſionslehre nicht im mindeſten berückſichtigte. So iſt
die Möglichkeit immerhin nicht ausgeſchloſſen, daß auch die
Oxforder Bewegung durch eine energiſche und organiſatoriſche
Hand in einer neuen kirchlichen Gemeinſchaft abgeſchloſſen
und conſolidirt wird. Da aber Smith ausdrücklich betont,
keiner beſtehenden Kirche dienen, auch keine neue Gemeinde

bilden zu wollen, so wird das wahrscheinlichere Resultat dieses sein, daß neben einer Erweckung und Erwärmung in den einzelnen Kirchen die eigentlichen Früchte der Bewegung von derjenigen Gemeinschaft eingescheuert werden, die dem Auftreten und der Lehre Pearsall's am nächsten steht. Das sind aber die Methodisten, die sein Erscheinen mit lautem Jubel begrüßt und begleitet haben. Ihre durch Smith im Wesentlichen vertretene Lehre konnte in Deutschland nur dann aus kleinen, methodistischen Kreisen heraustreten und auf evangelische Gemeinden im größeren Maßstabe Eindruck machen, wenn sie einerseits von einer so geweihten Persönlichkeit vertreten wurde und andererseits in einem kirchlich so farblosen Kleide auftrat, wie Smith es trägt. Schon jetzt suchen die Methodisten die Smith'sche Bewegung für ihre engeren Kreise zu verwerthen. So hatten sie zum Anschluß an die Versammlung zu Brighton eine große, vereinigte, deutsche, religiöse Versammlung auf den 15.—17. Juni in London (Scotish Church, Philpot Street) ausgeschrieben, wo auch die Methodistenprediger aus Bremen, Zürich, Basel, Pforzheim, Speier bei der Rückkehr von Brighton auftreten und Sankey'sche Lieder in deutscher Uebersetzung als Solo und Chor gesungen werden sollten. Die Methodisten werden sich auch in Deutschland an Smith's Fersen heften. Haben sie doch Anlaß und Gelegenheit genug dazu durch ihre immer gewaltiger unter uns sich entfaltenden Kräfte, die besonders da wirksam sind, wo auch Smith die beste Aufnahme fand, in der Schweiz, in Würtemberg und in der Wupper- und Ruhrgegend. Aus Würtemberg wird insbesondere berichtet, daß sich die Methodisten in Masse bei den Smith'schen Versammlungen betheiligten und jetzt in Conferenzen und außerordentlichen Versammlungen den Faden weiter spinnen.

Doch wir halten inne. Neben begeisterter Anerkennung

hat die Bewegung auch schon scharfe Kritik erfahren müssen. Nach dem, was wir im ersten Theil über den Widerstreit zwischen Darbysmus und Methodismus ausgeführt haben, ist es erklärlich, daß Darby in besonderer Schrift Pearsall Smith angreift und ihn offenbarer Irrlehre zeiht. In gleichem Sinne schreiben auch die deutschen Darbysten. Aber auch Professor Beck in Tübingen nennt die ganze Bewegung eine von Oxford ausgehende neue geistliche Parforcejagd. Pastor Dr. Zahn in Halle bezeichnet sie als eitel Schwärmerei und Seelenbetrug. Auch Pastor Hoffmann hat gewaltige Bedenken, nämlich die Vernachlässigung der Lehre von den Sakramenten, die Darstellung der Heiligung als einer höheren Stufe nach der Rechtfertigung, die schriftwidrige Unterschätzung der innewohnenden Macht der Sünde, und die an Schwarmgeisterei streifende Auffassung von den Wirkungen des heiligen Geistes. Auch wir haben unsere sachlichen Bedenken nicht verschwiegen. Besonders aber war es uns darum zu thun, historisch und sachlich die Fäden offen zu legen, welche aus dem Methodismus in diese Bewegung hineinlaufen. Beruhte doch darauf die Berechtigung, die Smith'sche Angelegenheit in den Zusammenhang dieser Broschüre aufzunehmen. Nach dem bisher Dargelegten glaube ich nun abschließend sagen zu dürfen: Der Einfluß des Methodismus innerhalb der Oxforder Bewegung hat sich uns gezeigt, sowohl in der Art des Auftretens, als in dem Inhalt der Lehre. Freilich versichern die Freunde derselben immer wieder (so auch das Nathusius'sche Volksblatt Nr. 16 ff.), es sei gar keine neue Lehre, sondern nur eine neue Erfahrung von der Kraft der alten Lehre. Das ist nur insofern richtig, als die Heiligungslehre des Methodismus allerdings schon alt ist. Denn sie gerade wird uns hier geboten. Sonst würden die dogmatisch sehr prüfenden amerikanischen

Methodisten Smiths Auffassung nicht so laut und offen als genau die ihrige proklamiren. Auf der anderen Seite sind sie auffallenderweise bemüht, die Smith'sche Lehre als eine vom Kirchenregiment gewünschte und und freundlich begrüßte darzustellen. Sie verbreiten die Kunde, der evangelische Ober=kirchenrath in Berlin sei selbst durch Pearsall Smith's Schriften angeregt und veranlaßt worden, ihn zur Weckung christlichen Lebens zu uns zu berufen (Evangelist, S. 143). Hiervon ist wohl nur so viel richtig, daß es allerdings auch inner=halb der deutschen, evangelischen Kirchen manche Freunde der Oxforder Bewegung gibt. Was sie nun angeht, so sind wir weit davon entfernt, ihre geistliche Förderung, die sie durch Smith erfahren haben, irgend in Zweifel zu ziehen. Auch denken wir nicht daran, sie für wissentliche Anhänger und Beförderer des Methodismus zu halten. Aber sachlich können wir Johannes Berger, dem methodistischen Prediger der Albrechtsbrüder in Essen, nicht ganz Unrecht geben. Nachdem er von der Smith'schen Bewegung geredet und sie ein hei=liges Feuer genannt hat, das sich noch über ganz Deutsch=land ausbreiten werde, sagt er von den deutschen Heiligungs=freunden: „Freilich wollen diese lieben Leute immer noch sich möglichst fern vom Methodismus halten und w i s s e n n i c h t, daß sie bereits wesentlich schon Methodisten geworden sind." (Christl. Botsch., S. 85.) „Aber", so sagt uns ein den Zusammenhang einsehender Freund der Bewegung, „ist es denn am Ende etwas Schlimmes, wenn die alten Kirchen Deutschlands, wie früher Englands, in dieser Weise auch ein Mal überfluthet werden von den Wellen des Metho=dismus?" Wir enthalten uns hier des Urtheils. Möglich ist es ja, daß die Smith'sche Bewegung zu einem sehr breiten Strom wird, der den Methodismus der Sache, wenn auch nicht dem Namen nach uns zuträgt. Die kleineren Bächlein

werden uns zugeführt durch die eifrige Arbeit der verschie=
denen methodistischen Kirchen und Kirchlein, deren jede für
ihre Fahne wirbt. Sollte es also geschehen, daß die viel=
fach unbeachtete, imposante Macht des Methodismus sich bei
uns entfaltet und dem bewährten und uns so lieben deutschen
Charakter unserer reformatorischen Kirchen noch den englischen,
wesleyanischen Stempel aufdrückt, so ist es Gottes Wille,
der eine so bedeutende Thatsache schafft. Vorläufig aber
wollen wir mehr darauf sinnen, halten es auch mehr für
unsere Pflicht, die Lebenskräfte unserer eigenen deutschen Re=
formation, die noch lange nicht erschöpft sind, uns immer
mehr anzueignen und sie immer reichlicher für Geist und
Leben unserer evangelischen Kirche zu verwerthen. Wir be=
greifen nicht, wie der Redakteur eines kirchlichen Blattes
fordern kann, schon jetzt den Katechismus Luthers nach Smith
zu revidiren und zu corrigiren, und stimmen darin allerdings
der „Evangelischen Kirchenzeitung" bei, wenn sie sagt: „Das
tiefe Verlangen, daß unsere Kirche zu neuem Leben komme,
wird andere Wege einschlagen müssen, welche der deutschen
Art und dem Geiste unserer evangelischen Kirche entspre=
chender sind." Dadurch soll in keiner Weise ausgeschlossen
sein, auch von Smith zu lernen und das Berechtigte, was
er bietet, innerhalb der evangelischen Kirche dankbar zu ver=
wenden. Als ein Beispiel, in welcher Art das etwa ge=
schehen kann, möge eine Stelle aus dem „Duisburger Sonn=
tagsblatt" (Nr. 25) über das Gleichniß vom Sauerteig hier
Platz finden: „Kannst du dir das Zeugniß geben, daß du
kein Gebiet deines Seins und Lebens dem Sauerteige des
Evangelii entzogen hast? sondern daß du im Gegentheil dein
öffentliches wie dein heimliches, dein amtliches wie dein häus=
liches Leben Gott zur vollen Heiligung darbietest? Voll=
kommenheit wird nie hier auf Erden sein, sondern wir werden

immer arme, elende Sünder bleiben, aber der ist kein Christ, der nicht bewußter Weise alle seine sündigen Begierden, Neigungen und Gewohnheiten Gott opfert und im entschiedenen Kampfe wider dieselben steht. Nun ist es freilich richtig, daß die Grenze zwischen bewußt und unbewußt eine fließende und ganz gewiß von keinem menschlichen Gericht zu richtende ist, da der Betrug der Sünde sich verwirrend dazwischen mischt; aber das ist ebenso richtig, daß viele Christen sich viele bittere Schmerzen und schwere Lebensgänge ersparen könnten, wenn sie sich zu einer ernsteren Heiligung entschließen könnten. Sie seien hiemit herzlich dazu ermahnt."

Im Ganzen aber wollen wir noch ruhig prüfen und abwarten, sind auch nicht gerade sehnsüchtig nach den amerikanischen, kirchlichen Verhältnissen, wo trotz aller Revivals und Massenmeetings das sittliche Leben in Familie und Staat niedriger steht, als bei uns und unter den verschiedenen großen und kleinen Denominationen vielfach bellum omnium contra omnes herrscht. Wohl ist es fast guter Ton in manchen christlichen Kreisen geworden, die kirchliche Lage möglichst vom Gesichtspunkt der Verzagtheit aus zu betrachten, das Freikirchenthum als das wünschenswerthe und unvermeidliche Ziel unserer Entwickelung darzustellen und in Amerika's kirchlichen Verhältnissen das Eldorado zu sehen. Dessen sind wir freilich sicher, daß der Sieg und die endliche Herrschaft des Evangeliums nicht gebunden ist an diese oder jene kirchliche Form, sie sei Volkskirche oder Freikirche, sind auch bereit, die besonderen Vorzüge der letzteren willig anzuerkennen. Doch vorläufig halten wir fest, nicht an einer Staatskirche, aber an unserer Volkskirche. Sie ist eine bei uns historisch erwachsene Thatsache, ist seit drei Jahrhunderten mit Leben und Sitte in so zahlreichen Adern verwachsen, daß unser Volksleben aus vielen Wunden bluten würde, wollten wir die Kirche aus ihm herausnehmen. Gar leicht ist es, ihre offenbaren Mängel zu tadeln und ausländische Erweckungen als letztes, höchstes Heilmittel für deutsche Kirchenschäden zu preisen, auch sind Viele bereit, sie mit leichter Hand zu zertrümmern, mit leichtem Herzen zu verlassen. Wer aber unser deutsches Volk herzlich lieb hat, der halte an ihr fest so lange, bis Gott selbst sie auflöst. Denn wer unsere deutsche Volkskirche aufgibt, der gibt auch unser evangelisches Volk im Ganzen auf. Das aber wollen wir nicht.

III.

Verhandlungen der Bonner Pastoral-Conferenz über Pearsall Smith am 30. Juni 1875.

Gerne folge ich dem Wunsche des hochgeehrten Herrn Vorredners dieser Schrift, von den Verhandlungen der Bonner Conferenz hier ein kurzes Referat zu geben. Ich thue es um so lieber, weil Alle, die dort waren, mit mir überzeugt sind, daß die unter seinem Vorsitz tagende Versammlung diese Angelegenheit umfassend, ohne jede Erregung, ernst, sachlich und milde behandelte. Sowohl die begeisterte Aufnahme als die kühlere Betrachtung der Oxforder Bewegung kamen zum vollen Ausdruck, so daß jede von der anderen lernen konnte und die Art und Leitung der Verhandlungen einen überaus wohlthuenden Eindruck machte. Dieselben gewannen besonders dadurch an Leben und Interesse, daß die Herren Pfarrer Müller und Inspektor Erdmann über die vom 29. Mai bis 7. Juni in Brighton selbst empfangenen Eindrücke referirten. Es würde zu weit und zu Wiederholungen führen, die Gedanken der einzelnen Redner alle zu wiederholen, der Herren: Pfarrer Rinck aus Elberfeld, Inspektor D. Fabri, Pfarrer

L. Müller aus Barmen, Inspektor Erdmann aus Elberfeld, Ober-Konsistorialrath Dr. Sack, Professor Christlieb, Professor J. P. Lange, Pfarrer Krabb in Bonn, Pastor Sturs-berg in Düsseldorf, Professor Mangold, Pastor Viedebantt, Inspektor Pfarrer Engelbert in Duisburg. (Der Verfasser gab ein paar Notizen über die Art, wie die Methodisten diese Bewegung für sich in Anspruch zu nehmen trachten.) Wir berichten darum summarisch, zunächst in welcher Weise sich die zustimmende Auffassung kundgab, woran wir die Mittheilungen aus Brighton schließen, und dann über die ge-äußerten Bedenken. Nach der ersteren Ansicht ist der heilige Geist in der Bewegung thätig, Gott selbst ihr treibender Faktor. Smith ist auch durch schweres Körperleiden elf Jahre lang in der Zucht Gottes gewesen. Seine Lehre von der Sünde ist nicht so ungünstig, nicht so sehr gefährlich aufzu-fassen. Auch in dem geheiligten Christen gibt es noch sünd-liche Erregungen, aber keine bewußte Sünde mehr. Wir müssen unterscheiden zwischen der Lust an sich und dem Ein-gehen auf sie. Unwissentliche Sünde nimmt Smith noch an und ebenso ein fortgehendes Wachsen in der Heiligung von der Kindesstufe zum Mannesalter. Er geht nicht darauf aus, eine Erregtheit der Empfindungen und Gefühle hervor-zurufen, sondern der Wille wird geweckt, fast in Kant'scher Weise. Die Religion liegt für ihn hauptsächlich im Willen. Er dankt Gott dafür, daß sie bei ihm nicht in den Gefühlen ruht. Durch die völlige Uebergabe des Willens erlangen wir völligen Frieden, Seelenruhe, Harmonie des inneren Wesens. Die Persönlichkeit Smith's muß betrachtet werden in ihrem Zusammenhange mit amerikanischen Verhältnissen und der in England schon längst üblichen Laienpredigt. Der Segen der Bewegung für die evangelische Christenheit ist offenbar. Besonders lernen auch die Pastoren hier sich demüthigen und in Predigt und Amt nur Christum und nicht sich selbst suchen, finden hier oft den Wendepunkt ihres geistlichen Lebens und werden jedenfalls innerlich gefördert. Noch hält man in Deutschland zu viel auf reine Lehre. Diese ist niemals Selbstzweck, sondern darf es nur absehen auf Hebung des christlichen Lebens. Das Leben muß die Wissenschaft ergänzen. Wenn Viele die völlige Heiligung innerlich erfahren haben, so müssen wir das glauben und unsere Erkenntniß dieser Erfahrung gemäß neu einrichten. Die psychologische Genesis der Bewegung heißt: Erfahrung und dann Erkenntniß, erst das Leben, dann die Lehre. Vorzüglich schildert Smith das Elend der halben Seelen und protestirt gegen bloßes Gefühlschristenthum. Es thut wohl, einen so gesunden, innerlich erstarkten Christen zu sehen, in dem Christus Gestalt gewonnen hat. Eigentliche Heiligungstreiberei ist kaum zu besorgen. Ueberspanntes Wesen nach dieser Seite ist deßhalb schwer, weil das praktische Leben mit seinen Hemmnissen stets corrigirend zur Seite tritt. Auch liegt keine Gefahr des Separatismus vor. Vielmehr ist in der Oxforder Bewegung ein hervorragendes Mittel zu begrüßen, Glieder der verschiedensten Kirchengemeinschaften in Christo zu einigen. Der Deutsche hat mehr Gefühl und Gemüth, aber auch mehr Phlegma, das den Sturmschritt scheut, als der Angelsachse. Er nehme Etwas in sich auf von dem kräftigen, angelsächsischen Willen. Der Herr will uns zeigen, daß er nicht an unsere theologische Bildung oder Ordination gebunden ist, will uns Theologen beschämen, indem er ungelehrte Leute mit seinem Geiste ausrüstet. Die hervorragendsten Züge von Smith's innerem Leben sind Demuth und Liebe. Er ist so demüthig, daß er D. Fabri auf geäußerte Bedenken antwortete: „Ich bin ja nur ein Laie, das müssen Sie besser wissen, corrigiren Sie mich", und daß er sich in Brighton mit Moody verglich und unter ihn stellte. Ueberhaupt ist die Persönlichkeit dieses Mannes der überwiegende Faktor in der ganzen Bewegung, seine innere Lebensgestalt hat derselben deutlich den charakteristischen Stempel aufgedrückt. Es sind ihr noch andere Männer beigetreten, die Smith an wissenschaftlicher und gelehrter Bildung weit überragen, z. B. Monod. Aber Smith bleibt der von Allen anerkannte Träger der bewegenden Gedanken. Die Bewegung ruft keine Erweckungsepidemie hervor, wie einst im Elberfelder Waisenhaus, denn als evangelische Freudenbotschaft von der Zerbrechung der Sündenmacht richtet sie sich nur an Christen. Smith sieht in ihr erst den Anfang eines noch viel größeren Werkes. Besonders aber erklärte er die letzte Versammlung in Brighton für die wichtigste, die je gehalten wurde. Mehr als bisher traten dort die Brüder vom Continent hervor. Fünfzig deutsche Geistliche, die dort waren, veröffentlichen eine Erklärung, in der sie danken für den reichen Segen, den sie dort fanden, nämlich herzliche Gastfreundschaft, brüderliche Liebe, unvergeßliche Eindrücke, Förderung ernster Selbsterkenntniß, Vertiefung in die Schrift, Förderung des Glaubens und Gebetes und Wachsthum in der Heiligung. In diesen reich gesegneten Tagen wurden alle nationalen Schranken, besonders auch zwischen Deutschen und Franzosen, hinfällig und alle confessionellen Trennungen schmolzen dahin in der Gluth der brüderlichen Liebe. Smith ist ein rechter Unionsmann in Christo. Wohl war er nicht mehr der einzige Leiter, sah aber gern, daß oft größere Massen sich sammelten um den Revivalprediger Varley, eine ruhige, nobele Erscheinung, um Blackwood, Theodor Monod u. s. w. Letzteren hat Smith selbst auf einer Durchreise in Paris besucht und gewonnen, so daß er sein Pariser Pfarramt niederlegte und jetzt Evangelist der

Bewegung für ganz Frankreich ist. Bei einzelnen Versamm=
lungen in Brighton machte es einen herzerhebenden Eindruck,
wenn in etwa acht verschiedenen Sprachen die Schrift ge=
lesen und gebetet wurde. Dieser Eindruck erreichte seine
Höhe, als an den beiden letzten Tagen nach den verschiedenen
Nationalitäten und Riten etwa 60 Pastoren das heilige
Abendmahl an ungefähr 6000 Communikanten austheilten.
In ehrender Weise forderte Smith auch deutsche Pastoren
auf, auch die Engländer beim Abendmahl zu „bewirthen".
Lobende Anerkennung verdient noch die Weisheit, mit der er
die geeigneten Kräfte auszuwählen und an betreffender Stelle
zu verwenden weiß. Wurden doch an einem Tage oft 30
bis 35 Versammlungen gehalten. Auch hat er einen scharfen
Blick für die besondere Art, wie in den einzelnen Ländern
die Sache angegriffen werden muß.

Nach einfacher Zusammenfassung und Darlegung dieser
anerkennenden Aeußerungen lassen wir nunmehr ebenfalls ganz
objektiv die Bedenken folgen, welche von einigen Mitgliedern
der Conferenz geäußert wurden. Wir bemerken aber dabei,
daß Anerkennung und Bedenklichkeiten meist von ein und dem=
selben Redner ausgesprochen wurden und nur Einzelne sich im
Ganzen zustimmend oder ablehnend verhielten. Was zunächst
die Persönlichkeit Smith's angeht, so wurde ihrem christlichen
Wesen volle Anerkennung gezollt. Nur wurde die Hoffnung
ausgesprochen, daß seine Demuth keinen Schaden leiden möge
dadurch, daß Zeitungen und Broschüren immer wieder die
eminent christliche Gestaltung seines inneren Lebens und seine
Geistesfülle hervorheben und das liebenswürdige Gotteskind
preisen. Ferner bestimmt die Augsburgische Confession, daß
Niemand lehren darf, der nicht ordnungsmäßig dazu berufen
ist (nisi rite vocatus). Jeder methodistische Laienprediger
hat doch einen Ruf, aber Smith ist von Niemand gesendet.

Wo ist denn noch die Grenze zwischen Lehramt und der privaten Mittheilung christlicher Erfahrung? Die Mahnung zur Treue, zum vollen Ernst der Heiligung ist für den, der in der Schrift und evangelischen Kirche wirklich lebt, durchaus nichts Neues. Viel wird geredet zum Preise des heiligen Geistes, weniger des Sohnes, noch weniger des Vaters. Das Psychische ist nicht mit dem Pneumatischen zu vermengen. Die Lehre von der Sündlosigkeit der Wiedergeborenen, von dem vollen und steten Sieg verkennt die Macht der Sünde und die demüthigende Schranke in unserem Fleischesleben, ist unevangelisch und nicht schriftgemäß. Nicht die Erfahrung des Einzelnen, nicht das Leben, sondern die Schrift ist kanonisch, wie sehr man auch das Charisma dieser schönen, feinen Seele anerkennen mag. Die beständige Allegorisirung des alten Testamentes als stehende Lehrmethode kommt Smith nicht zu. Wir Deutsche sind verpflichtet, ihn darin zu corrigiren. Smith hat nur einige biblische Gedanken, die er in Schrift und Wort stets wiederholt. Ein bestimmtes Ziel faßt er ganz ausschließlich in das Auge und geht unverrückt darauf los. Es ist die völlige Hingabe, die Opferung des eigenen Ich an den Herrn, Christus unsere Heiligung. Aber ist nicht Christus auch unsere Weisheit und Gerechtigkeit? (1 Kor. 1, 30.) Offenbar gibt diese Beschränkung seiner Lehre Eindringlichkeit und Kraft, aber auch eine gewisse Einseitigkeit, so daß sie der Fülle des Evangelii nicht gerecht wird. Seine unbedingte Uebergabe soll auf ein Mal geschehen und vollendet werden können, besonders bei den ad hoc angestellten religiösen Versammlungen. Alsdann liegt das Ich als Opfer auf dem Altar und die Antwort kann nicht ausbleiben, denn es wird sofort angezündet mit Feuer aus dem Heiligthum. Hier ist ein Punkt, wo das Auftreten Smiths eine gewisse Verwandtschaft mit dem vul-

gären Methodismus nicht verleugnet. Wohl betont er es,
daß die Uebergabe ein Willensakt ist und sucht nicht den
von den Methodisten geliebten Aufruhr bloß psychischer Af-
fekte. Aber einige Dinge sind doch entschieden methodistischer
Natur. Dahin gehört das stark hervortretende Jetzt der
Bekehrung und Heiligung: „Ich liege jetzt als Opfer auf
dem Altar“ und: „Lasset uns niederknieen und auf den Herrn
warten, ich erwarte heute etwas Großes“ (Berlin). Es ist
dem gegenüber festzuhalten, daß im inneren Leben eine mo-
mentane Wendung geschehen kann, aber nicht geschehen muß.
Einige immer wiederholte und Eindruck machende psychologische Handgriffe bei den Versammlungen erinnern überhaupt etwas an die Geschicklichkeit des amerikanischen Fabrikanten. Methodistisch ist ferner das Abfragen am Schluß
der Versammlung, wenn Alle die aufstehen sollen, welche
heute die volle Heiligung gefunden haben. Sodann fordert
er die von ihm erlebte singuläre Geistestaufe von allen
Christen, wogegen wir auch auf geistlichem Gebiet uns dankbar
freuen sollen gerade über die Mannigfaltigkeit der göttlichen
Führungen und individuellen Entwickelung der Christen. Hier
vor Allem gilt keine Schablone. Bei dieser Auffassung kann
man die ganz besondere Art seines inneren Lebens freudig
anerkennen, aber ebenso kräftig gegen Uniformirung protestiren. Endlich wird erinnert, daß es mindestens äußerst
gewagt ist, von einer aus den verschiedensten Elementen zu-
sammengesetzten Massenversammlung die sofortige Heiligung
zu fordern. Die Uebergabe an den Herrn ist eine Handlung, zu der viele Theilnehmer der Zusammenkünfte innerlich nicht gereift und geeignet sind, selbst wenn sie bekennen
sollten, sie vollzogen zu haben. Das Bedenkliche bei Smith
ruht demnach in der Schablonisirung des geistlichen Zustandes einer Massenversammlung zur Erreichung eines geist-

lichen Zieles in demselben Moment. Nicht alle Erweckte
können in kurzer Zeit durch ihr bloßes Wollen das voll=
kommene Selbstopfer vollziehen. Es gehört dazu ein Zer=
brochenwerden im Centrum seiner eigenen Kraft, was nur
durch mancherlei Führungen des Herrn ermöglicht wird.
Daß Smith dennoch diese Forderung an Alle ohne Unter=
schied richtet, ist entschiedener Methodismus. Den Weg der
Zubereitung zur völligen Uebergabe überspringt der treffliche
Mann vollständig. Gott aber hat Israel in der Wüste,
was er so oft anführt, nicht bloß gestraft für den Unglauben,
sondern auch erzogen für den Glauben. Smith übersieht,
wie die mannigfaltige Weisheit, so auch die Pädagogie Gottes.
Gott läßt in dem Wiedergeborenen noch den alten Menschen,
um ihn dadurch zu demüthigen und zu erziehen. Das öftere
Straucheln ist gewiß nicht der vollkommene Weg zur Frei=
heit, aber der gewöhnliche. Wohl wächst der Eine innerlich
viel schneller, als der Andere, aber Alle müssen wachsen.
Und Alle müssen kämpfen. Zu einer so großen inneren Un=
anfechtbarkeit und unzerstörbaren Ruhe wie Mr. Smith ist
der Apostel Paulus niemals gekommen, sondern mußte sich
stets unter der erziehenden Hand Gottes. Zu dieser gött=
lichen Erziehung gehören aber nothwendig auch Verdunkelungen
und Anfechtungen. Eine Erziehung, die stets glorreich und
leicht von Sieg zu Sieg leitet, hört auf, eine solche zu sein.
Solche gewaltige Bewegungen führen doch sehr leicht zur
Separation und Zersplitterung, die zwar nicht zu besorgen
ist, so lange Pearsall selbst an der Spitze steht, der leider
jetzt todtkrank ist. Aber der spätere Verlauf ist nicht voraus=
zusehen.

Hiemit schließen wir unseren Bericht. Wir thun es mit
der wiederholten Bitte, diese ganze Schrift anzusehen als aus
der Liebe zur Wahrheit und zur evangelischen Kirche ge=

floſſen. Wir haben unſerer Anſchauung offenen Ausdruck verliehen, aber Niemandem wehe thun wollen. Doch iſt es unſer Wunſch, daß die Oxforder Bewegung ſich proprio motu deutlich und beſtimmt abgrenze von dem Methodismus, der ſie ganz für ſich verwerthen will und nach Inhalt und Form der Lehre als ſein beſonderes Eigenthum reklamirt. Dann kann noch in weiteren Kreiſen eine ſchöne Frucht daraus erwachſen, nämlich unbedingte Hingabe, völliges Vertrauen, ernſte Heiligung. Gott wolle es ſo wenden.

Anmerkungen.

1. (Zu S. 21.) Man vergleiche den Artikel: Große Heiligkeits=
bewegung in China im „Evangelischen Botschafter", Nürtingen, 1. August
1874.

2. (Zu S. 28.) Wir finden in dem Christl. Botschafter regelmäßige
Verzeichnisse von Liebesgaben für die „Mission" in Deutschland und für
Kirchenbauten in Europa. Häufig kommt es vor, daß Deutsche in
Amerika, die sich der Evangelischen Gemeinschaft angeschlossen haben, einen
Geldbeitrag in deren Missionskasse unter der Bedingung fließen lassen,
daß dafür in ihrem Geburtsort von den in Deutschland wirkenden Boten
eine Stunde gehalten werde.

3. (Zu S. 39.) In Essen — so berichtet Bischof Escher von dort
aus — muß eine Kirche gebaut werden, es unterliegt dies keinem
Zweifel mehr. Sobald sie da ist, wird diese Mission selbsterhaltend sein
„und wenn's morgen wäre". Die Schätzung, daß augenblicklich zum
allerwenigsten sechs Missionare nach Essen kommen müssen und bald
diese Zahl verdoppelt und wieder verdoppelt werden muß, ist in Anbe=
tracht der Umstände noch „sehr zahm". Gründe anzuführen sei über=
flüssig. Doch bemerkt er gerne, daß er einen Hausvater Folgendes er=
zählen hörte: „Gestern haben wieder neun Mann Jesum gefunden.
Wir sind gekommen und haben angefangen zu singen das Lied: ,Wie
bist du mir so innig gut'; und da haben die gleich zu schreien, zu beten
und in größter Noth die Hände zu ringen angefangen und sie haben
mit Ringen und Flehen und Weinen angehalten, bis alle neun Jesum
gefunden hatten. Da waren sie aber so selig! O Brüder, es war

merkwürdig — eine solche Kraft, daß ich heute noch bebe von derselben. In einem anderen Hause fanden ihrer vier Andere um dieselbe Zeit den Herrn." Aehnliches kommt hier seit einiger Zeit, oft vor und es mehrt sich täglich die Zahl derer, die da glauben und selig werden. Der Herr ist mächtig, mächtig am Wirken. (Christl. Botschafter 1875, Nr. 27.)

4. (Zu S. 40.) Besonders auffallend ist es Bruder Berger, daß in Lippe der Teufel auch „gläubige Leute" zu Werkzeugen der Verfolgung für die Albrechtsleute macht. Trotzdem sind ihre dortigen Aussichten derart, daß Bischof Escher unter dem 5. Juni dieses Jahres für Lippe 6= bis 7000 Dollar verlangt. Er will auch die Brüder südostwärts in das Hessische „eindringen" lassen, denn:

Wo wir's kaum gewagt zu hoffen,
Stehn uns weit die Thüren offen.

5. (Zu S. 46.) Pastor H. Krummacher aus Brandenburg bemerkt im Deutschen Volksfreund unter Anderem: „Wenn man in Amerika zu sagen pflegt: „Auch in Deutschland wird Staat und Kirche erst auf einen grünen Zweig kommen, wenn der Kaiserthron durch einen Präsidentenstuhl ersetzt sein und wenn das Landeskirchenthum einem vielgestaltigen Konfessionen= und Sektengewimmel Platz gemacht haben wird, so sage ich nein und abermals nein und berufe mich für dieses Nein darauf, daß Gottes reiche Regierung gerade so gut die deutsche, wie die nordamerikanische Geschichte gemacht und daß er der deutschen Nation wie der nordamerikanischen ihre berechtigte Eigenthümlichkeit gegeben hat, die beide nicht wegwerfen dürfen, mit der sie vielmehr als mit einem anvertrauten Pfunde wuchern sollen. Wie jeder Mensch, so hat auch jedes Volk von Gottes Gnade das Recht, nach seiner Façon zu existiren und sich zu geriren."

Der „Christliche Botschafter" (Nr. 26) weiß solche Aeußerungen wohl anzugreifen, aber nicht zu widerlegen. Sein nicht unbegründeter Vorwurf, daß die kirchlichen Verhältnisse Amerika's vielen deutschen Theologen ein verschlossenes Buch seien, trifft hier nicht zu.

6. (Zu S. 84.) Das kräftigste Wort für die Auffassung, daß die Oxforder Lehre eine genuin methodistische ist, gibt der Bischof J. J. Escher von der Evangelischen Gemeinschaft. Er ist am 29. Mai in Stuttgart angekommen, hat die Wirkung der Smith'schen Vorträge beobachtet und berichtet (Christl. Botschafter, Nr. 27), daß der starke Besuch dieser Versammlungen großentheils von „Gliedern unserer Gemeinschaft und an-

derer ähnlichen Gemeinschaften geschah und seine Saat auch gerade bei diesen den empfänglichsten Boden fand". Sodann sagt er Folgendes: „Es ist mir sehr auffallend, daß Geistliche der Landeskirchen Deutsch= lands diesen Amerikaner, der ein Laie, ein gewöhnlicher Geschäftsmann ist, einladen, herüber nach Berlin, nach Basel, nach Stuttgart, nach Elberfeld zu kommen, um Heiligungsversammlungen nach der radikalsten Art und Weise abzuhalten und daß diese Geistlichen der Landeskirche diesem schlichten Manne zu Füßen sitzen, von ihm lernen, sich recht nach Inskip'scher National-Lagerversammlungsweise führen, leiten, möchte fast sagen: exerziren lassen, die Heiligung, die plötzliche, augenblickliche Hei= ligung zu suchen, — diese Geistlichen und diese Kirchenglieder, die uns und Andere gerade wegen dieser Heiligungslehre von jeher proskribirten, während doch unter uns selten Einer auftritt, der das Heiligungswerk so radikal betreibt, wie es Pearsall Smith treibt! Zum Anderen ist mir's sehr auffallend, daß Smith so großen Beifall erntet in einer Sache, um deren willen man Andere verfolgt und lieber in Amerika, als in Deutschland wissen möchte! Noch weiter möchte ich es gerade nicht als auffallend, aber doch als sonderbar, fast als amüsirlich bezeichnen, daß man sich so sorgfältig, so ängstlich gegen Methodismus zu verwahren sucht. Man sagt nämlich immer und immer wieder, Smith sei kein Methodist, seine Lehre sei nicht methodistisch, seine Wirkungsweise — nun, da weiß man nicht recht, was, aber es soll doch auch nicht methodistisch sein. Sonderbar! Es ist doch ja allbekannte Thatsache, daß Pearsall Smith unter dem Wirken des in der Lehre von der Heiligung so radikal methodischen Methodistenprediger Inskip und seiner Mitbrüder von der National-Campmeeting-Gesellschaft zu dieser Erfahrung gekommen ist und seine Wirkungsweise ihnen abgelernt hat. Die Lehre, sagt man, sei nichts Neues, die habe man selbst längst, ja von jeher gehabt, so sagen lutherische und reformirte Geistliche und so schreibt man in ihren Blättern .... Allerdings, es ist kein Methodismus, dieses Hei= ligungswerk, es ist echt evangelisches Christenthum. Aber um ehrlich zu sein, müssen wir doch sagen, daß die Methodisten seit hundert Jahren mehr gethan haben, diese alte evangelische Lehre und dieses göttliche Hei= ligungswerk durchzuführen, als alle anderen Kirchen und Gemeinschaften zusammengenommen."

7. (Zu S. 87.) Nicht selten hören wir aus der Oxforder Be= wegung die Versicherung, daß gerade ihr Verfahren, daß besonders auch das Trachten nach sofortiger Bekehrung das apostolische, biblische sei.

Allerdings bringen die Apostel auf einen raschen, kräftigen Entschluß zur That der Bekehrung und des Glaubens. Aber sie wissen daneben auch, daß das Wort der evangelischen Predigt nach des Herrn Bezeichnung wie ein Saamenkorn ist und daß ein Saame gar nicht anders sich entwickeln kann, als dadurch, daß er wächst. Zum Wachsen aber gehört Zeit. Darum kennen sie auch das Harren des Ackermanns, der da wartet auf die köstliche Frucht der Erde und ist geduldig darüber, bis er empfange den Frühregen und Spätregen. Das übrige Verfahren, das ganze amerikanische Meetingwesen, ist ein Kind unserer Zeit. Wir wollen hier über seinen Nutzen und Schaden nicht weiter urtheilen, aber die Behauptung möge man doch aufgeben, daß gerade diese Art die apostolische sei. Wenn Smith aus Berlin die Stimme gehört hat: Komm herüber und hilf uns! so hat sie lange vor ihm ein Anderer auch gehört, ist aber ganz anders verfahren. Das Apost. Past. bemerkt zu Apg. 16, 13: „Paulus und seine Gefährten waren so außerordentlich göttlich nach Macedonien berufen, aber man sehe, wie ungekünstelt und einfältig sie ihre Sache da anfangen. Sie blieben einige Tage für sich; darauf gehen sie wie andere Leute an einen gemeinen Ort der Andacht, begnügen sich, daselbst mit einigen Weibern zu reden, Alles voll gläubiger Gelassenheit, den Führungen Gottes zu folgen. Sie übertreiben Nichts, sie legen sich nicht auf große, besondere Dinge. Eine solche Mittelstraße zwischen einem ausschweifenden Natureifer und träger Nachlässigkeit leite der Herr auch uns; den Segen weiß er zu rechter Zeit zu schenken."

Druck von Friedr. Andr. Perthes in Gotha.